Peseschkian/Peseschkian

Erschöpfung und Überlastung positiv bewältigen

Prof. Dr. med. Nossrat Peseschkian, Jahrgang 1933, Facharzt für Psychiatrie, Neurologie und Psychotherapeutische Medizin. Er ist Begründer der Positiven Psychotherapie sowie Leiter der Wiesbadener Akademie für Psychotherapie und Autor vieler erfolgreicher Bücher zu diesem Thema.

Dr. med. Nawid Peseschkian, Jahrgang 1964, Facharzt für Kinder- und Jugendpsychiatrie & Psychotherapie, Facharzt für Psychiatrie & Psychotherapie, tätig in eigener Praxis in Wiesbaden, Dozent an der Wiesbadener Akademie für Psychotherapie.

Dr. med. habil. Hamid Peseschkian, Jahrgang 1962, Facharzt für Neurologie und Psychotherapie. Geschäftsführer der Wiesbadener Akademie für Psychotherapie.

Prof. Dr. med. Nossrat Peseschkian
Dr. med. Nawid Peseschkian
unter Mitarbeit von
Dr. med. habil. Hamid Peseschkian

Erschöpfung und Überlastung positiv bewältigen

- Neue Motivation:
  „Es ist nicht schlimm, wenn man hinfällt,
  sondern wenn man liegen bleibt."
- Persönliche Stressfaktoren erkennen
- So finden Sie zu neuer Kraft und Lebensfreude

TRIAS

Bibliografische Information der Deutschen Bibliothek
Die Deutsche Bibliothek verzeichnet diese Publikation in der Deutschen Nationalbiografie; detaillierte bibliografische Daten sind im Internet über http://dnb.ddb.de abrufbar

Leserservice

Wenn Sie Fragen oder Anregungen zu diesem Buch haben, schreiben Sie uns!
TRIAS-Verlag
Postfach 30 05 04
70445 Stuttgart

Oder besuchen Sie uns im Internet unter www.trias-gesundheit.de

Umschlaggestaltung:
Cyclus · Visuelle Kommunikation
Stuttgart

Programmplanung: Sibylle Duelli
Lektorat: Verlagsbüro Kopal,
Thomas Kopal

Bildnachweis: Umschlagvorderseite:
Zefa, Innen: photodisc, S.18, 19, 128
Chr. Lackner-Hawighorst, Ittlingen

Oswald-Hesse-Str. 50
70469 Stuttgart
Printed in Germany

Satz: akuSatz, Andrea Kunkel
Druck: Westermann Druck, Zwickau

Gedruckt auf chlorfrei
gebleichtem Papier

ISBN 3-8304-3071-X

Wichtiger Hinweis:
Wie jede Wissenschaft ist die Medizin ständigen Entwicklungen unterworfen. Forschung und klinische Erfahrung erweitern unsere Erkenntnisse, insbesondere was Behandlung und medikamentöse Therapie anbelangt. Soweit in diesem Werk eine Dosierung oder eine Applikation erwähnt wird, darf der Leser zwar darauf vertrauen, dass Autoren, Herausgeber und Verlag große Sorgfalt darauf verwandt haben, dass diese Angabe dem **Wissensstand bei Fertigstellung des Werkes** entspricht.
Für Angaben, Dosierungsanweisungen und Applikationsformen kann vom Verlag jedoch keine Gewähr übernommen werden. **Jeder Benutzer ist angehalten,** durch sorgfältige Prüfung der Beipackzettel der verwendeten Präparate und unter Umständen nach Konsultation eines Spezialisten festzustellen, ob die dort gegebene Empfehlung für Dosierungen oder die Beachtung von Kontraindikationen gegenüber der Angabe in diesem Buch abweicht. Eine solche Prüfung ist besonders wichtig bei selten verwendeten Präparaten oder solchen, die neu auf den Markt gebracht worden sind. **Jede Dosierung oder Anwendung erfolgt auf eigene Gefahr des Benutzers.** Autoren und Verlag appellieren an jeden Benutzer, ihm etwa auffallende Ungenauigkeiten dem Verlag mitzuteilen.

Einleitung

Wie Stress entsteht

Selbsthilfetechniken zum raschen Abbau von Stress

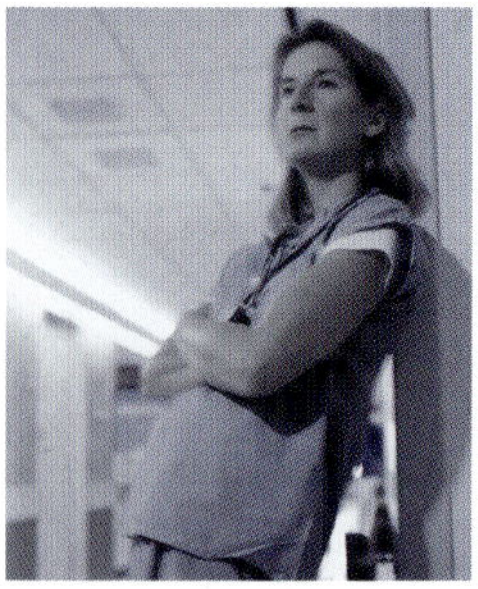

Wie Sie Ihre persönlichen Stressfaktoren erkennen

Positiv mit Stress umgehen

Stress im Alltag erfolgreich begegnen

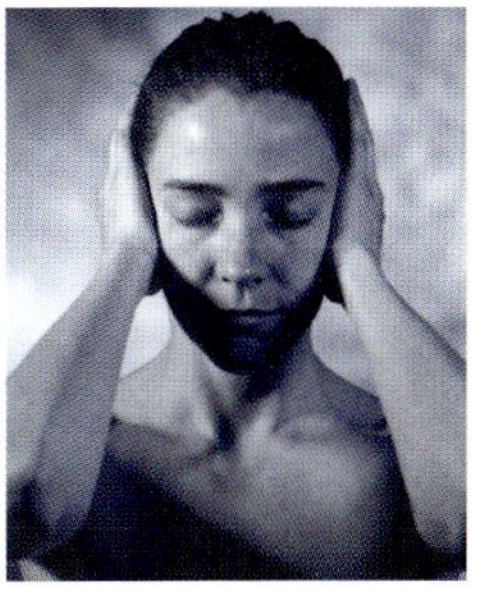

Nimm dir Zeit

Nimm dir Zeit zum Arbeiten
es ist der Preis des Erfolges.

Nimm dir Zeit zum Denken
es ist die Quelle der Kraft.

Nimm dir Zeit zum Spielen
es ist das Geheimnis ewiger Jugend.

Nimm dir Zeit zum Lesen
es ist der Brunnen der Weisheit.

Nimm dir Zeit zum Träumen
es bringt dich den Sternen näher.

Nimm dir Zeit dich umzuschauen
der Tag ist zu kurz, um selbstsüchtig zu sein.

Nimm dir Zeit zum Lachen
es ist die Musik der Seele.

Nimm dir Zeit freundlich zu sein
es ist der Weg zum Glück.

Nimm dir Zeit zu lieben und geliebt zu werden
es ist der wahre Reichtum des Lebens.

(Ein Patient nach Therapieende)

Einleitung

Die Perle und der Fischer

Ein Fischer fand am Ufer eine wunderschöne Perle. Über diesen Fund war er sehr froh und glücklich. Ein wirklich toller Fund. Allerdings hatte die Perle einen winzig kleinen Fehler. Diesen Fehler wollte der Fischer dann beseitigen und fing an Schicht für Schicht abzuschleifen. Zum Schluss war nicht mehr viel von der Perle übrig und der Fehler war immer noch zu sehen. Der Fischer war nun sehr unzufrieden und traurig, er bekam Depressionen und konnte das Leben nicht mehr genießen.

Man ist reich, wenn es reicht.

Vielen Menschen, das will diese Geschichte wohl sagen, ist das Lebensglück, der Genuss, die Lebenszufriedenheit abhanden gekommen. Sie fühlen sich hoffnungslos und stellen sich die Frage nach dem Sinn ihres Handelns – sie fühlen sich gestresst. Das Bild des heutigen Menschen wird zunehmend von Hoffnungslosigkeit, Sinnentleerung und Ziellosigkeit geprägt. War früher die Frage nach dem „Woher" aktuell, tritt heute die Frage nach dem „Wozu" in den Vordergrund. Auch auf diese Sinnfragen wollen wir im vorliegenden Buch eingehen.

Der Begriff Stress wird in unserem Alltag auch für Situationen gebraucht, in denen wir uns überlastet fühlen. In der Wissenschaft wird heute anerkannt, dass Stress nicht nur eine psychologische Seite, sondern auch eine körperliche Beteiligung hat, und beide sich gegenseitig beeinflussen. Viele Erkenntnisse dazu hat in den letzten Jahren die Psychoneuroimmunologie gebracht, die gezeigt hat, auf welch vielfältige Weise Körper und Seele zusammenhängen. Ängste, Depressionen, Überlastung, Hektik, Erschöpfung und Zwänge sind beteiligt an Erkrankungen etwa des Herzens und des Gefäßsystems, aber auch an Schlafstörungen, Asthma, Allergien oder Kopfschmerzen.

Wer seinen Stress positiv bewältigen will, der sollte die folgenden drei Prinzipien berücksichtigen:

1. Das Prinzip Hoffnung

Alle Menschen ohne Ausnahme werden von den sie umgebenden Entwicklungen und Einwirkungen beeinflusst. Solche Einwirkungen können vielfältigster Natur sein: Zu ihnen gehören Krankheiten sowie die Angst vor Krankheiten, Reizüberflutung, extreme Arbeitsbedingungen, Hobbys und Freizeitverhalten, Familienkonflikte, Existenz- und Zukunftsängste sowie Sinnkrisen in verschiedenen Lebensstufen und Entwicklungen.

Wer die Grenzen erkennt und in ihnen sein Glück, der kann es auch halten sein Leben lang; wenn aber das Irrlicht seines Verlangens weitertreibt von Einem zum Nächsten, der stürzt am Ende ins Nichts.
Nach Nizami, persischer Dichter

Der Einzelne steht mit dieser Entwicklung jedoch nicht allein da. Mit der Geburt betreten wir einen Lebensraum, der, wie wir selbst, ständigen Veränderungen unterworfen ist. So werden wir uns als Kind allmählich unserer selbst bewusst. Die Pubertät lässt uns in die Erwachsenenwelt hineinwachsen, der Single wird zum Paar und Beruf und Elternschaft wollen gemeistert sein. Später werden wir mit der Sinnkrise der Lebensmitte und der Wechseljahre konfrontiert. Der Ruhestand fordert erneut eine grundsätzliche Umgestaltung des Lebens, und das Alter führt uns in die Auseinandersetzung mit der Sterblichkeit und in die Vorbereitung auf den Tod. Jedes Lebensalter kann besondere Ängste, Stress und Überforderungen in sich bergen. Aber neben den Stressfaktoren, die die Umwelt vorgibt, belasten uns auch unsere persönlichen Eigenschaften wie Verschlossenheit, strenge Moral, Konsumkultur, Bewegungsmangel und ein einseitiges Leistungsstreben.

2. Das Prinzip der Balance

Jeder Mensch ist einzigartig und reagiert daher auch unterschiedlich auf Umwelteinflüsse. Diese Einzigartigkeit seiner Reaktionen wird durch seine körperlichen, beruflichen, sozialen, kulturellen und ethisch-weltanschaulichen Erfahrungen bestimmt. Das Ziel für einen positiven Umgang mit Stress ist, diese Einzigartigkeit zu erfahren und sein Leben vom Zustand des Ungleichgewichts wieder in eine Balance zu bringen.

3. Das Prinzip der Beratung

Jeder Mensch hat die Fähigkeit, die Möglichkeit und die Chance, durch erlerntes Problemlösungsverhalten oder Beratung seinen Stress, Überlastung und Erschöpfung abzubauen. Dabei lautet die Botschaft: Konflikte, die im Laufe der Entwicklung eines Menschen in der Auseinandersetzung mit seiner Umwelt entstehen, sind nicht notwendiges und unausweichliches Schicksal, sondern stellen sich als Probleme und Aufgaben dar, die wir zu lösen versuchen.

Wer Bücher studiert,
bleibt doch ein Tor;
wer danach handelt,
der ist klug gewesen.
Einnehmen muss der
Kranke die Arznei –
was hilft es ihm, ihren
Namen nur zu kennen?
Orientalische Lebensweisheit

Dank

Wir danken allen Kollegen und Patienten für die Erkenntnisse, die sie im Verlauf unserer psychiatrischen, psychotherapeutischen und psychosomatischen Tätigkeit uns vermittelt haben. Unser besonderer Dank gilt dem TRIAS-Verlag, vor allem Frau S. Duelli, die uns ständig ermutigt und entscheidend zur Entstehung des Buches beigetragen hat. Insbesondere unserer Sekretärin, Frau Michele Pieroni und unseren Mitarbeiterinnen Frau Manije Peseschkian (Auswahl der Geschichten) und Frau Dipl.-Psych. Kerstin Weiland danken wir für ihre Geduld, Sorgfalt und Zuverlässigkeit bei der Manuskripterstellung. Herrn Dipl.-Volkswirt Rainer Herzog danken wir für seine Unterstützung und wertvollen Anregungen.

Prof. Dr. med. Nossrat Peseschkian, Wiesbaden im August 2003

Dr. med Nawid Peseschkian

Wie Stress entsteht

Stress empfindet jeder – die Frage ist nur, in welchem Maße und ob die Folgen den Menschen krank machen oder er in der Lage ist, sein Leben auf Dauer ins Gleichgewicht zu bringen.

Das Geheimnis des Spiegelsaals: Kommunikation oder Konkurrenz

Im Orient gab es in einem Tempel einen Saal der tausend Spiegel. Es begab sich, dass sich eines Tages ein Hund im Tempel verirrte und in diesen Saal gelangte. Plötzlich konfrontiert mit tausend Spiegelbildern, knurrte und bellte er seine vermeintlichen Gegner an. Diese zeigten ihm ebenso tausendfach die Zähne und bellten zurück; worauf er noch tollwütiger reagierte. Das führte schließlich zu einer solchen Überanstrengung, dass er in seiner Aufregung daran starb.

Einige Zeit verging, und es kam wieder ein Hund in den Saal der tausend Spiegel. Auch dieser Hund sah sich tausendfach umgeben von seinesgleichen. Da wedelte er freudig mit seinem Schwanz und tausend Hunde wedelten ihm entgegen und freuten sich mit ihm. Freudig und ermutigt verließ er den Tempel.

Stress und Persönlichkeit

Unser ganzes Leben kennzeichnen Wachstum und Veränderungen: körperliche Entwicklung, Persönlichkeitsveränderungen, die Entwicklung kognitiver Fähigkeiten wie etwa Denken oder Lernen, Veränderungen unserer Gefühle und Einstellungen. Im Laufe unseres Lebens kommen eine scheinbar endlose Reihe von Entwicklungsaufgaben auf jeden von uns zu. Die Adoleszenz, Heirat und Kindererziehung, Berufswahl, die Wahl eines Lebensstils, das Akzeptieren des eigenen Lebens, der Ruhezustand und schließlich die Erwartung des Todes – dies alles sind Markierungen entlang des Lebensweges, die jeweils mit immensem Veränderungsdruck einhergehen.

Stress war lange Zeit ein Phänomen, welches scheinbar den so genannten Managern vorbehalten war.

Wie gut werden Sie mit Stress fertig?

- ❍ Werfen Sie einmal einen Blick auf Ihr soziales Umfeld: Leben gute Freunde oder Verwandte in Ihrer Nähe, auf die Sie sich verlassen können?
- ❍ Sind Sie in der Lage, Alltagsstress auch ohne Kaffee, Nikotin, Alkohol oder andere Drogen und Medikamente zu bewältigen?

- ❍ Können Sie positive wie auch negative Gefühle zum Ausdruck bringen?
- ❍ Können Sie ohne Probleme ein- und durchschlafen?
- ❍ Wenn es in Ihrem Leben schwierige Veränderungen gibt, schaffen Sie es, mit ihnen umzugehen?
- ❍ Wissen Sie, was Sie wollen und was Sie brauchen?
- ❍ Können Sie sich Ihre Zeit gut einteilen und schaffen Sie es, effektiv zu arbeiten?
- ❍ Können Sie mit Stress leben, ohne Kopfschmerzen oder Magenschmerzen zu bekommen?

Auflösung: Wenn Sie alle Fragen mit Ja beantwortet haben, bringen Sie gute Voraussetzungen mit, es mit den Problemen des Alltags aufzunehmen. Gibt es mehrere Neins bei Ihren Antworten, dann werden Sie in diesem Ratgeber eine Fülle an Hinweisen und Tipps finden, wie Sie Ihre Situation verbessern können. Verbessert sich Ihr Zustand nicht rasch und deutlich, sollten Sie sich überlegen, mit einem Arzt oder Therapeuten über Ihre Situation zu reden.

Wem soll ich nur die Geschäftsführung anvertrauen?

Ich fühle mich niedergeschlagen und habe starke Depressionen. Nachts kann ich nicht mehr einschlafen und wenn ich doch einschlafe, wache ich nach etwa ein bis zwei Stunden schreiend voller Angst wieder auf und weiß nicht, wo ich bin. Erst wenn ich den Lichtschalter gefunden habe, kann ich mich wieder beruhigen. Ich habe das Gefühl, dass mir alles über den Kopf wächst und ich bin oft sehr gereizt. Begonnen hat alles vor zwei Jahren, als mein Mann an einem Herzinfarkt starb. Er war beruflich total überlastet und nahm sich die finanziellen Schwierigkeiten seines Geschäftes sehr zu Herzen. Ein Mitarbeiter meines Mannes, dem er viel anvertraut hatte, führte die Bücher nicht korrekt genug, sodass wir Schwierigkeiten mit dem Finanzamt bekamen. Außerdem verschwanden immer wieder Waren. Mein Mann kam darüber einfach nicht hinweg. Mit seinem Tod hat er mir das Geschäft und damit die Sorgen zurückgelassen. Ich weiß nicht, wem ich die Geschäftsführung anvertrauen soll. Ich habe zu niemanden mehr Vertrauen, auch zu mir nicht, weil ich das niemals gelernt habe und auch jetzt schon total überfordert bin. Die Vorstellung, dass unser Geschäft langsam aber sicher wegen meines Unvermögens in Konkurs geht, bringt mich zur Verzweiflung (40-jährige Geschäftsfrau mit vielen Stressfaktoren, Depressionen und Angstzuständen nach dem Verlust des Ehemannes).

Stress ist schon lange kein Phänomen mehr, das nur in den krisengeschüttelten Chefetagen großer Unternehmen oder unter auftragsabhängigen Freiberuflern zum täglichen Brot gehört. In unserer schnelllebigen und leistungsorientierten Gesellschaft, in der alles ständig besser, höher und weiter werden muss, gehört Stress zum Alltag vieler Menschen.

Stress am Arbeitsplatz ist teuer: Wenn die Anforderungen und der Druck bei der Arbeit zu groß werden, sind Nervosität, Ermüdung, Angst und Depressionen längerfristig programmiert. Und natürlich lassen dann auch Produktivität und Kreativität erheblich nach. Fehlzeiten und Krankheit kosten die Europäische Union nach eigenen Angaben jedes Jahr mindestens 20 Milliarden Euro.

50 bis 60 Prozent der Fehlzeiten werden mit Stress am Arbeitsplatz in Verbindung gebracht.

Von Stress, dem zweitgrößten berufsbedingten Gesundheitsproblem nach Rückenschmerzen, sind nach Schätzungen der Europäischen Agentur für Sicherheit und Gesundheitsschutz am Arbeitsplatz zufolge 40 Millionen Menschen in der Europäischen Union betroffen. Die Auswirkungen auf die Gesundheitssysteme sind erheblich: 16 Prozent der Herz-Kreislauf-Erkrankungen bei Männern und 22 Prozent bei Frauen in der EU sind Schätzungen zufolge auf Stress am Arbeitsplatz zurückzuführen. Arbeitsmediziner schätzen, dass durch ein weniger von Stress geprägtes Arbeitsfeld pro Jahr etwa 10 000 Herzinfarkte vermieden werden könnten. Das wären 10 Prozent aller Fälle! Wenn man die Behandlungskosten von Herzinfarkten sowie die Kosten eventueller Frühinvalidität einbezieht, kommen enorme Summen zusammen. Sie könnten durch Stress-Prävention eingespart werden. Auch das menschliche Leid, das mit den durch arbeitsbedingten Stress ausgelösten Krankheiten verbunden ist, könnte auf diesem Weg vermindert werden.

Stress hat ein Janusgesicht. Er hilft uns als genetische Grundausstattung einerseits, unser Verhalten einer Umwelt anzupassen, die einem raschen Wandel unterliegt, und er hilft uns auch, Neues zu erlernen – unser Körper ist bereit zum Handeln, unser Geist ist wach, wir stellen uns der Herausforderung. Ohne Stress also kein Leben, aber was, wenn die Herausforderung zu hoch ist, wenn sie sich (scheinbar) nicht bewältigen lässt, wenn sie zu lange andauert? Dann zeigt sich die andere, dunkle Seite von Stress: Überforderung, Erschöpfung, Angst, Zweifel, Aggression und Krankheit überfallen uns.

Die Abwesenheit von Stress ist Tod.
Stressforscher Hans Selye

Es ist also nicht so, dass ein Leben ganz ohne Stress und Herausforderungen wünschenswert wäre, weil wir auch das als Stress empfinden würden, ganz so wie etwa für Arbeitslose das Nichtstun nicht etwa angenehm ist, sondern meist ziemlich stressig. Ein gewisses Maß an Anspannung ist also durchaus wünschenswert.

Menschlicher Körper und Geist funktionieren am besten bei einer mittleren Belastung, dem so genannten Eustress. Sind die Belastungen zu hoch oder zu niedrig, spricht man von Distress.

Was aber jeder Mensch unter zu viel oder zu wenig versteht, das kann deutlich variieren, und auch auf welche den Stress auslösenden Faktoren die Menschen reagieren, kann durchaus unterschiedlich sein. So emfindet der Eine Leistungsanforderungen als Stress, der Andere Konfrontation mit Unordnung, Unhöflichkeit oder Untreue.

Wie entsteht Stress?

Die Chicago–Beobachtung

In Chicago wurden durch ein Versehen drei Männer in einem Kühlhaus eingeschlossen. Sie konnten die Türen von innen nicht öffnen und auch anderweitig nicht auf sich aufmerksam machen. Die Männer wussten, dass in etwa drei Stunden die Kühlaggregate des Kühlhauses zu arbeiten beginnen würden. Da sie keine Schutzkleidung trugen, sondern leichte Sommerkleidung, war ihre Überlebenschance gleich null. Am nächsten Tag wurden die Männer entdeckt – sie waren tot und zeigten Erfrierungszeichen. Erstaunlich allerdings: Die Kühlanlage war an diesem Tag nicht eingeschaltet, die Männer waren also offensichtlich an der Angst vor dem Erfrieren gestorben.

Fast jeder klagt heutzutage über Stress, und bereits im Kindergarten oder Schulalter diagnostizieren Ärzte und Therapeuten Stress bei Kindern. Doch was ist Stress eigentlich? Termindruck, Zeitnot, Überforderung, viel Arbeit, Erschöpfung? Oder müssen mehrere Faktoren zusammen kommen, damit man von Stress sprechen kann? Wie wird Stress festgestellt? Hat wirklich jeder Stress, der über Stress klagt?

Wenn wir das Ziel vor Augen verlieren, verdoppeln wir das Tempo.

Den Begriff Stress brachte vor etwa 50 Jahren der österreichisch-kanadische Biochemiker Hans Selye auf, der damit einen akuten Spannungszustand des Organismus definierte, der gezwungen ist, seine Abwehrkräfte zu mobilisieren, um einer bedrohlichen Situation zu begegnen.

Stress ist also eine Anpassungsreaktion des Körpers auf alles, was droht, das Gleichgewicht vieler wichtiger Körperfunktionen aus dem Lot zu bringen, also beispielsweise extreme Hitze und Kälte, aber auch Angst oder eine Situation, die rasches Handeln erfordert.

Ob also nun die erste Fahrt mit dem Ballon, der Tod des Partners, der mobbende Chef oder der Sprung ins kalte Wasser: Alle diese Situationen lassen in uns eine Stressreaktion ablaufen.

Die körperliche Stressreaktion

Körperlich gesehen ist die Stressreaktion eine fein abgestimmte Nachricht, bei der Nervenimpulse gemeinsam mit Hormonen Botschaften recht schnell bis in alle Regionen des Körpers tragen. Selye unterschied drei Phasen der Stressreaktion, also der körperlichen Antwort auf den auslösenden Reiz:

- Zunächst die so genannte Alarmreaktion, die dem Körper Energie bereitstellt, die er für eine mögliche Auseinandersetzung oder aber für eine Flucht aus der Situation gebrauchen könnte.
- Parallel dazu läuft eine zweite Reaktion im Körper ab, die so genannte Anpassung, in der vor allem über die Nebennierenrinden das Hormon Cortisol ausgeschüttet wird. Dieses hat eine entzündungshemmende Wirkung und den Zweck, mögliche Verletzungen wirksam zu bekämpfen.

Dieser Ablauf hatte und hat entwicklungsgeschichtlich seinen Sinn, gilt es doch auch heute noch in vielen Situationen, rasch und

Irrtum 1: Stress ist nicht schädlich. Erst ein zu viel und vor allem dauerhafter Stress kann krankmachen.

Irrtum 2: Manager haben mehr Stress als andere Menschen. Untersuchungen konnten sogar zeigen, dass Angestellte ohne Entscheidungsmöglichkeiten höhere Stresswerte aufwiesen.

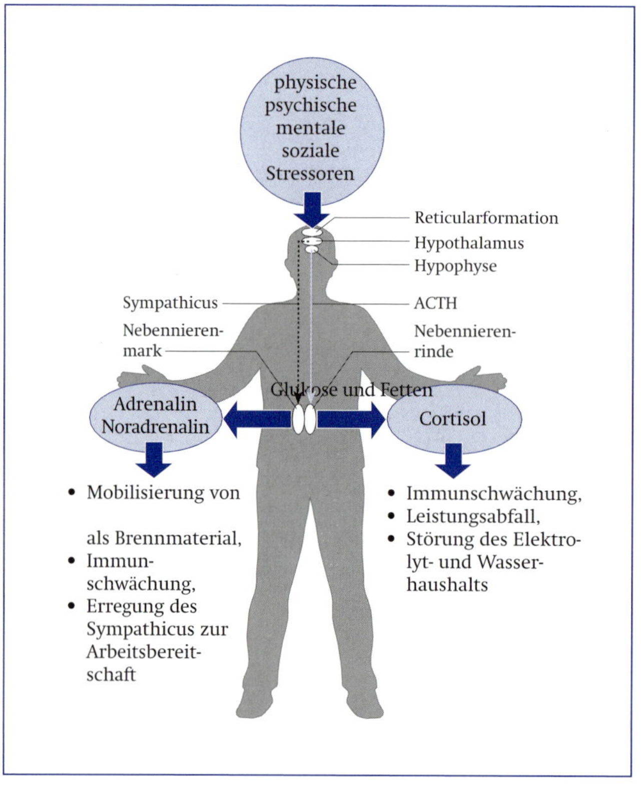

Abb. 1: Schema der Stressreaktion

möglichst richtig zu reagieren, beispielsweise im Straßenverkehr oder bei Bewerbungsgesprächen.

Dennoch: Die Form der Anpassungen hat sich seit dem Zeitalter unserer Vorfahren in grauer Vorzeit deutlich geändert. Auf eine ganze Reihe an „Stressoren“, also Stress auslösenden Reizen, reagiert zwar unser Stresssystem, aber die freigesetzte Energie wird nicht wirklich gebraucht. Sie verpufft grundsätzlich in der Luft, ja wir müssen unsere „Wut“ und unseren „Ärger“ gar unterdrücken, um sozial keine weiteren Probleme zu bekommen.

Für den Organismus ist es auf Dauer schädlich, die Stressreaktionen nicht richtig ablaufen zu lassen, denn die innere Mobilisierung bleibt noch lange erhalten.

Es gibt eine ganze Reihe an Stressoren, die über einen sehr langen Zeitraum wirken, so etwa Mobbing im Büro oder der Dauerstress beispielsweise in einer Flugsicherung.

• Bleiben die stressauslösenden Reize erhalten, wie das in unserem modernen Leben häufig der Fall ist, tritt eine so genannte Adaptionskrankheit ein. Diese Phase wird umso eher erreicht, je schlechter die körperliche Konstitution und je geringer der Wille zum Widerstand ist.

Psychosomatische Erkrankungen und Stress

Stressantworten sind also ein in unserer evolutionären Entwicklung entstandener und bewährter kurzfristiger Schutz sowie eine Gelegenheit, sich einer neuen Situation anzupassen.

Es gibt aber auch Stressfaktoren, die bestehen bleiben, denen wir nicht ausweichen können, beispielsweise eine Doppelbelastung mit Arbeit, Kindern und Haushalt. Hier zeigt sich, dass der sinnvolle Schutz der Stressreaktion auch seine andere Seite haben kann: Er geht auf Kosten unserer biologischen Grundlagen.

Die erste Fahrstunde ist noch aufregend, das Gehirn arbeitet auf Hochtouren, die Aufmerksamkeit ist hoch, die Hände zittern und der Schweiß bricht uns aus. Aber haben wir sie erfolgreich bewältigt, geht es in der nächsten Stunde schon besser.

Dauerhaft erhöhte Cortisolwerte im Blut verhindern, dass die Stressantwort auf „Normalbetrieb" zurückgefahren wird: Unser Immunsystem wird geschwächt, Infektionen können sich leichter ausbreiten und Erkrankungen wie Diabetes, Übergewicht, Bluthochdruck und Arterienverkalkung machen sich breit. In der Folge kommt es zu Herzerkrankungen, Schlaganfall und Herzinfarkt. Und es geht weiter: Wissenschaftler registrieren nach langen Stressphasen ein zu starkes Absinken des Cortisolspiegels unter das Normalmaß – verantwortlich für Gefühle wie Angst und Depression sowie ein nachlassendes Gedächtnis im Alter.

Auch das Gehirn leidet unter chronischem Stress. Der hohe Cortisolspiegel hemmt die Funktionen einer für unser Gedächtnis wichtigen Schaltstelle im Gehirn, den Hippocampus – Ereignisse finden so nur noch bedingt den Weg in unser Langzeitgedächtnis. Langfristig zu hohe Cortisolspiegel können dieses überaus wichtige Hirnareal sogar schrumpfen lassen. Es wird daher in der Forschung auch ein Zusammenhang zwischen Dauerstress und dem Ausbrechen der Alzheimerkrankheit diskutiert.

Abb. 2: Schema der psychosomatischen Reaktion

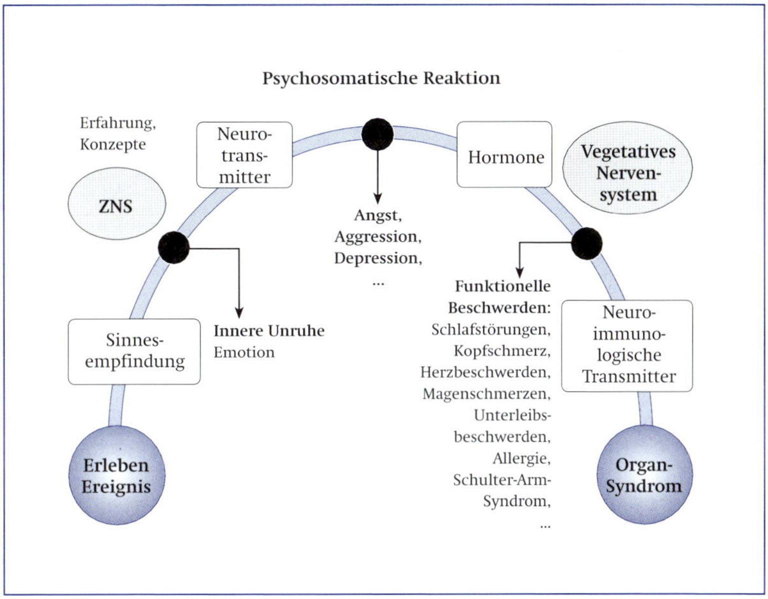

Stress hat viele Gesichter

Neben dieser biologischen Sicht der Stressreaktion interessieren sich die Forscher auch dafür, welche belastenden Ereignisse zu Stress und, in der Folge, zu Erkrankungen führen. Jeder Mensch reagiert anders auf Stressauslöser. Dennoch versuchen die Wissenschaftler herauszufinden, welche Lebensbedingungen besonders prädestiniert sind, das Leben des Menschen zu beeinträchtigen. Eine ganze Reihe an Ereignissen wie etwa der Tod eines nahen Angehörigen, der Verlust des Arbeitsplatzes, der Auszug der Kinder und vieles mehr wurden als besonders belastend eingestuft.

Jenseits solcher belastender Ereignisse sind es aber vor allem die immer wiederkehrenden kleinen seelischen Verletzungen, die schließlich ein Charakterbild formen, das für einzelne Konflikte anfällig ist.

Man muss die Welt nicht verstehen, man muss sich darin zurecht finden!
Albert Einstein

Lapalien und sogenannte Kleinigkeiten

Unter gewissen Bedingungen können sich so genannte Kleinigkeiten oder Lapalien potenzieren, bis sie schließlich dramatische Ausmaße annehmen. Bekannt ist in diesem Zusammenhang das Sprichwort „Aus einer Mücke einen Elefanten machen." Kleinigkeiten können sich also fortpflanzen und außer Kontrolle geraten, sie können sich so lange ansammeln, bis der unterschwellige Konflikt akut wird.

In der Praxis zeigt sich immer wieder, dass psychosoziale und psychosomatische Störungen nicht aus heiterem Himmel kommen und auch nicht nur durch belastende Lebensereignisse wie den Tod des Partners ausgelöst werden, sondern häufig eine ganz eigene Geschichte haben. Sprachlich finden wir solche Zustände in Äußerungen wie:

- „Ich habe mich in der Zwischenzeit damit abgefunden."
- „Seit Jahren schon rege ich mich darüber auf und leide darunter."
- „Es ist immer dasselbe, ich kann es bald nicht mehr aushalten."
- „Ich kann tun was ich will, es verändert sich ja doch nicht."

Alle diese Aussagen haben eines gemeinsam: Für die Betroffenen sind die Konfliktauslöser keine Kleinigkeiten. So beschrieb eine 33-jährige Lehrerin, die wegen Kopfschmerzen, Partnerproblemen und Sexualstörungen in die Praxis kam, ihre Probleme wie folgt: „Wenn ich mich mit meinem Mann über meine Probleme unterhalten will, hört er nicht richtig zu und sagt dann, das sind doch alles nur Kleinigkeiten. Mich aber ärgert diese Gleichgültigkeit sehr."

Der Mensch lebt noch keine hundert Jahre, doch er macht sich Sorgen für tausend.
Orientalische Weisheit

Viele dieser Ereignisse, die uns tagtäglich begleiten, gehen nicht spurlos an uns vorüber. Forscher konnten zunächst an Experimenten mit Ratten, dann auch an Experimenten mit Menschen zeigen, dass Personen, die glauben ihr Leben wenig steuern zu können und sich dem Lauf der Dinge nur ausgeliefert sehen, sich ohnmächtig und orientierungslos fühlen. Dieser Zustand wird in der Wissenschaft als erlernte Hilflosigkeit bezeichnet. Dies gilt auch, wenn jemand unangenehme Erlebnisse der eigenen persönlichen Unfähigkeit zuschreibt: Depressionen sind die Folge, das zeigt sich auch auf der neurophysiologischen Ebene. Das unter Stress verbrauchte Noradrenalin wird neu gebildet und steht uns wieder zur Verfügung. Bleibt aber das Gefühl, hilflos zu sein, wird weniger Noradrenalin nachgebildet, die Stimmung bleibt im Keller. Auch für dieses Phänomen haben die Forscher einen Namen gefunden: Ausgebrannt oder auch – wahrscheinlich gut bekannt – das Burn-out-Syndrom.

Worin zeigt sich Stress?

Der Mensch erfährt Stress auf recht vielen verschiedenen Ebenen, und Stress kann sich auch auf sehr vielen verschiedenen Ebenen äußern, nämlich körperlich, psychisch und auch gedanklich. Die hier nachfolgend genannten Stichworte sollen Ihnen zunächst einmal lediglich einen Anhaltspunkt geben und sind ganz sicher keine vollständige Aufzählung. Versuchen Sie herauszufinden, wie sich bei Ihnen Stress auf den unterschiedlichen Ebenen äußert. Dies ist für Sie ein sehr wichtiger erster Schritt, das „Symptom" Stress zunächst zu beobachten und dann langsam einzukreisen.

1. Häufige körperliche Stressreaktionen

- Aufstoßen ❍
- Benommenheit ❍
- Blähungen ❍
- Brustschmerzen ❍
- Durchfall ❍
- Durschlafschwierigkeiten ❍
- Einschlafschwierigkeiten ❍
- Gefühl der Erschöpfung ❍
- Häufiger Harndrang ❍
- Häufiges nächtliches Aufwachen ❍
- Häufiges Räuspern ❍
- Heißhunger oder Verweigerung zu essen ❍
- Herzrhythmusstörungen ❍
- Hoher Blutdruck ❍
- Juckreiz (z. B. Kopfhaut) ❍
- Kloßgefühl im Hals ❍
- Kopfschmerzen ❍
- Kurzatmigkeit ❍
- Magenschmerzen ❍
- Nachlassen der sexuellen Erregbarkeit ❍
- Ohrgeräusche ❍
- Rückenbeschwerden ❍
- Schmerzen beim Geschlechtsverkehr ❍
- Schwindel ❍
- Schwitzen(Hände und Füße) ❍
- Sodbrennen ❍
- Übelkeit und Erbrechen ❍
- Veränderungen des Blutzuckerspielgels
- Verstopfung ❍
- Völlegefühl ❍

2. Häufige psychische Stressanzeichen

- Depression ❍
- Eifersucht ❍
- Einsamkeit ❍
- Entweder Über- oder Unterforderung ❍
- Gefühl von Ausgelaugtheit ❍
- Gefühl von Hilflosigkeit ❍
- Gefühl von innerem Druck ❍
- Langeweile ❍
- Mangelnde Antriebskraft ❍
- Mutlosigkeit ❍
- Neid ❍

- Niedergeschlagenheit ❍
- Ständig unter Strom sein ❍
- Ungeduld ❍
- Völlig übertriebenes „Hochgefühl" ❍

3. Verhaltensreaktionen

- Aufschieben von Aufgaben ❍
- Entweder ganz rasches oder ganz langsames Handeln ❍
- Gesteigerter Konsum von Rauschmitteln wie Nikotin, Alkohol und Kaffee ❍
- Häufiges Vergessen ❍
- Heftige unvermittelte Wutausbrüche ❍
- Ruhelosigkeit ❍
- Schwer in die Entspannung kommen ❍
- Sozialer Rückzug ❍
- Ständiges Kratzen ❍
- Ständiges Räuspern ❍
- Tendenz zum Weinen schon bei geringsten Anlässen ❍
- Vermehrte oder verringerte Arbeit ❍
- Vernachlässigung von Körperpflege und -hygiene ❍
- Verschieben wichtiger Termine ❍
- Zunehmendes Desinteresse ❍

4. So zeigt sich Stress in Gedanken

- Gedanken über mögliche Katastrophen (Todesängste) ❍
- Gedankengrübeleien ❍
- Konzentrationsmangel ❍
- Störungen beim Sprechen (Wortfindung) ❍
- Versagensängste ❍
- Perfektionistische übertriebene Erwartungen an Andere oder an sich selbst ❍
- Übertriebene Erwartungen an Andere ❍

Ihr persönliches Stresstagebuch

Die voranstehende Tabelle hat Ihnen ausführlich und hoffentlich auch eindrucksvoll gezeigt, auf welchen unterschiedlichen Ebenen sich Stress äußern kann. Nachdem Sie sich nun damit vertraut gemacht haben, wie sich Stress bei Ihnen äußert, ist es sinnvoll, dass Sie sich einmal genau selbst beobachten: Wann tritt bei mir Stress auf? Gibt es bestimmte Zeiten, zu denen Sie sich besonders gestresst fühlen? Gibt es bestimmte Gelegenheiten, die bei Ihnen immer wieder zu Stress führen?

Beobachten Sie sich ganz genau, und halten Sie schriftlich alles fest, was Ihnen auffällt. Sinnvollerweise tun Sie dies mindestens über einen Zeitraum von 6 Wochen. Der Sinn einer solchen Aufzeichnung ist – möglicherweise zu erkennen, dass Sie sich immer zu ganz bestimmten Zeiten „gestresst" fühlen und dann plötzlich so etwas wie ein Muster erkennen können.

Mein Stresstagebuch (Beispiel)

Datum	Uhrzeit	Ereignis	Stressreaktion	körperliche Symptome
Samstag Vormittag	9 Uhr	Mein Mann und die Kinder sitzen beim Frühstück, wir besprechen, was wir am Wochenende alles vorhaben. Die Pläne der Familienmitglieder überkreuzen sich völlig.	Ich fühle mich völlig überfordert und von meinem Mann alleine gelassen.	Herzrasen und Schwitzen, unterdrückte Wut und Ohnmacht.

Mein Stresstagebuch

Datum	Uhrzeit	Ereignis	Stressreaktion	körperliche Symptome

Selbsthilfetechniken zum raschen Abbau von Stress

Damit Erschöpfung und Überlastung schnell abgebaut und neue Kräfte wieder freigesetzt werden, gibt es eine ganze Reihe von hilfreichen Techniken.

Noch ein langes Programm

Ein Kaufmann hatte hundertfünfzig Kamele, die seine Stoffe trugen, und vierzig Knechte und Diener, die ihm gehorchten. An einem Abend lud er einen Freund (Saadi) zu sich. Die ganze Nacht über fand er keine Ruhe und sprach fortwährend über seine Sorgen, Nöte und die Hetze seines Berufes. Er erzählte von seinem Reichtum in Turkestan, sprach von seinen Gütern in Indien, zeigte die Grundbriefe seiner Ländereien und seine Juwelen. „0 Saadi", seufzte der Kaufmann. „Ich habe nur noch eine Reise vor. Nach dieser Reise will ich mich endlich zu meiner wohlverdienten Ruhe setzen, die ich so ersehne wie nichts anderes auf der Welt. Ich will persischen Schwefel nach China bringen, da ich gehört habe, dass er dort sehr wertvoll sei. Von dort will ich chinesische Vasen nach Rom bringen. Mein Schiff trägt dann römische Stoffe nach Indien, von wo ich indischen Stahl nach Halab bringen will. Von dort will ich Spiegel und Glaswaren in den Jemen exportieren und von dort Samt nach Persien einführen." Mit einem träumerischen Gesichtsausdruck verkündete er dem ungläubig lauschenden Saadi. „Und danach gehört mein Leben der Ruhe, Besinnung und Meditation, dem höchsten Ziel meiner Gedanken."

Damit auch Sie in Zukunft mit Stress umgehen können und erlenen, ihn dauerhaft abzubauen, geben wir Ihnen im Folgenden einige Hilfestellungen an die Hand und stellen Ihnen Techniken für den raschen Umgang mit Stress vor.

Das Himalaja-Phänomen

Wenn man nach großer Anstrengung einen Berg erstiegen hat, dann sieht man zweierlei: Wer zurückschaut sieht das bisher Erreichte, wer nach vorne schaut den nächsthöheren Berg. Viele Menschen steigen mühsam wieder ab – manchmal sogar bis ins Tal und bezwingen mit erneuter Anstrengung den nächst höheren Berg. Oben angelangt, sehen sie wieder einen etwas höheren Berg – der Vorgang wiederholt sich. Der Mensch kommt nicht zur Ruhe, da er immer meint, jetzt kommt der höchste Berg, dann habe ich es geschafft.

Oft sind unbewusste Faktoren stressfördernd. Ohne sich diese bewusst zu machen und zu bearbeiten, ist eine wirksame und dauerhafte Behandlung von Stress nicht möglich.

Der Name „Himalaja“ soll dagegen veranschaulichen, dass es immer einen etwas höheren Berg gibt und es letztendlich nie möglich sein wird, den letzten, höchsten Gipfel zu erreichen.

Überlegen Sie, in welchen weiteren Bereichen das Himalaya-Phänomen angesiedelt ist. Sicher kennen Sie auch eine ganze Reihe an Menschen, die zumindest in bestimmten Lebensbereichen nach diesem Phänomen leben.

Was bedeutet das für den Stress? Auf den Beruf übertragen heißt es: Der letztmögliche Posten ist nie zu erreichen, es gibt immer noch ein Projekt, ein Gutachten, ein zu schreibendes Buch. „Nur noch diese Sache, dann habe ich wieder Zeit für dich und die Kinder“, sagen diese gestressten Menschen und erreichen doch nie ihr Ziel. In Bezug auf die finanzielle Absicherung bedeutet es: Wann hat man genügend Geld, sodass man voll abgesichert ist und sich beschützt fühlen kann? Man kann immer etwas abgesicherter sein bzw. werden, wenn man mehr Geld hat. Auf Beziehungen übertragen heißt es: Immer gibt es einen Partner (oder eine Partnerin), der/die besser aussieht, erfolgreicher ist, besser zu mir passt.

Eine mögliche Interpretation: Selbstwertgefühl und Selbstvertrauen sind direkt von einer erbrachten Leistung oder der Anerkennung dieser Leistung durch Andere abhängig – deshalb springt auch die Person von Gipfel zu Gipfel, ohne es vielleicht zu wollen. Unbewusst versucht sie durch diese Strategie mehr Selbstwert und Liebe zu erreichen. Diese Menschen können nicht Nein sagen, anderen keine Bitte abschlagen und nehmen jede neue Aufgabe an – denn Selbstvertrauen und Zuwendung kann man nie genug bekommen.

Meist sind vom Himalaya-Syndrom vor allem Menschen betroffen, die die elterliche Liebe als bedingt – an Leistung oder gutes Benehmen gebunden – erlebt haben.

Gleichzeitig allerdings kann man nur dann auf einem Gipfel „ein Haus bauen“, wenn man sich bewusst entschließt – zumindest für eine gewisse Zeit – zu bleiben wo man ist. Nur dann lässt sich eine tiefe Beziehung zu einem Partner aufbauen, wenn man sich bewusst für diesen entschließt – obwohl es noch eine Vielzahl „besserer“ Partner geben kann. Solange man also von einem Partner zum anderen wechselt – nach dem Motto: „Mit dem nächsten Partner wird alles besser.“ – bleibt eine tiefere (und erfüllende) Beziehung aus.

Wirklich entscheidend ist die Entscheidungsfreiheit: Obwohl ich weitergehen und den nächsten Gipfel ersteigen kann, entscheide ich mich bewusst nicht weiterzugehen – oft gegen den Widerstand von Umwelt und Familie.

Wie können Sie nach der Leistungsbereitschaft fragen?

- ❍ Fühlen Sie sich immer unter Druck, Aufgaben zu übernehmen?
- ❍ Haben Sie das Gefühl, einmal gestellte Aufgaben auch immer bestmöglich und schnellstmöglich auszuführen?
- ❍ Haben Sie das Gefühl, nur gemocht zu werden, wenn Sie Leistung erbringen?
- ❍ Haben Sie den Eindruck, ständig in Ihrem Leben immer weiter zu streben, ohne eigentlich zu wissen, wohin?
- ❍ Wechseln Sie häufig Arbeitsstellen, Wohnungen oder Partner?

Das Titanic-Syndrom

In Anlehnung an den Untergang der Titanic geht es hier um das Erkennen des richtigen Zeitpunktes etwas zu verlassen, zu verändern, loszulassen oder Konsequenzen zu ziehen. Politiker, wie z.B. Bill Clinton, Boris Jelzin oder Helmut Kohl bieten ein gutes Anschauungsbeispiel für dieses Phänomen. Jemand hat viel erreicht, aber den richtigen Zeitpunkt verpasst abzutreten und stellt dadurch alles in Frage, was er oder sie bisher erreicht hat. Am Ende muss man doch gehen, aber das Boot ist dann schon weg.

Es ist sehr schwer, selbst zu erkennen, wann der richtige Zeitpunkt des Abganges gekommen ist, da man meistens gerade dann am Höhepunkt einer Leistung oder seines Lebens steht. Besonders für narzisstische Persönlichkeiten, die ja häufig in Leitungspositionen zu finden sind und seit Jahren oder Jahrzehnten kein Feed-back mehr über ihre Leistung erhalten oder zugelassen haben, ist es kaum möglich, diesen Schritt zu tun.

Hier geht es also darum, zu gehen, solange noch der rote Teppich ausliegt. Nach dem Motto: „Lieber eine Stunde zu früh (gehen), als eine Minute zu spät." In Anlehnung an die Titanic geht es darum, a) rechtzeitig ins Rettungsboot zu springen, b) nicht zu früh zu springen, d.h. schon beim geringsten Widerstand das Handtuch zu werfen, und c) nicht die Signale des Unterganges herunterspielen und solange zu warten, bis das Schiff untergeht.

Was bedeutet das für Ihren Stress? Nun, obwohl sich von allen Seiten die Zeichen dafür mehren, dass die Zeit für Ihren Abgang von dieser Aufgabe gekommen ist, werden sie von Ihnen nicht erkannt. Die Folge ist eine Zunahme von Stress bei sich und bei Anderen. Die Widerstände erhöhen sich und sie müssen mehr Energie aufwenden, um sich durchzusetzen und die Arbeit zu vollbringen. Typisches Beispiel ist der Seniorchef einer Firma, der nicht in Rente gehen und die nächste Generation die Firma übernehmen lassen will. Dabei geht es um Konzepte, wie„was sagen die Leute, wenn ich gehe, die Anderen werden mich als Versager ansehen." Es tauchen Schuldgefühle auf oder das Gefühl, ein Schwächling zu sein.

Selbst wenn das „Theaterstück" nicht gut war, kann man durch einen guten Abgang einiges wett machen.

Liebe in Moskau

Eine 25-jährige Amerikanerin kam für ein mehrmonatiges Praktikum nach Moskau. Sie verliebte sich in einen russischen Kollegen und entschied – ihm und der Beziehung zuliebe – in Moskau zu bleiben. Nach ca. 6 Monaten verliebte sich dieser in eine andere russische Kollegin und beendete die Beziehung mit der Amerikanerin. Diese arbeitete im gleichen Großraumbüro wie ihr Ex-Freund und seine neue Geliebte und quälte sich jeden Tag bei der Arbeit. Sie hasste das Land und die Menschen mittlerweile und wollte zurück in die USA. Als sie wegen Depressionen und Schlafstörungen in die Therapie kam, hatte sie beschlossen, noch 6 Monate zu bleiben, um ein Arbeitsprojekt abzuschließen. „Ich kann meinen Chef und die Kollegen nicht im Stich lassen. Ich habe ja einen Vertrag, der noch bis Januar geht und früher kann ich einfach nicht gehen." Das Titanic-Syndrom war ein ganz wichtiges Zeichen für sie. Sie hatte beschlossen zu gehen, und nichts würde dies mehr aufhalten. Also warum dann nicht gleich gehen und sich noch 6 Monate fast masochistisch zu quälen, aus Angst vor dem, was die russischen Kollegen und die amerikanischen Verwandten sagen, wenn sie frühzeitig aus dem Vertrag aussteigt.

Zeitmanagement- und Arbeitsanalyse-Techniken

Wenn Ihnen die Belastungen des Alltags über den Kopf steigen, wenn Sie über Ihre Termine nicht mehr hinauskommen, wenn Sie Ihren Tag nur noch im Minutentakt planen können, dann haben sich Zeitmanagement-Techniken als besonders wirksam erwiesen. Denn häufig fehlt es den Menschen auch an den Fähig-

Richtige Organisation ist das A und O, damit einem „die Zeit nicht davon rennt“.

keiten, mit ihrer Zeit effektiv umzugehen. Aus einer Fülle solcher Techniken, die meist in Managementseminaren vermittelt werden, haben wir einige ausgewählt, die rasch und einfach zu beherzigen sind und die Ihnen bei „Land unter“ schnell wieder Boden unter die Füße bringen. Arbeitsanalyse-Techniken helfen ebenfalls, Ihr wichtigstes Gut, Ihre Zeit, zu strukturieren und Ihnen wieder zu geben.

Entgegen der eigenen Erwartung verwenden wir häufig tatsächlich bis zu 60 Prozent für Aufgaben, die weder wichtig noch eilig sind, oder die nur eilig sind – insbesondere für jemand anderen. Der Frust entsteht, weil dadurch die wichtigen Aufgaben unbearbeitet bleiben, obwohl man den ganzen Tag beschäftigt war.

Wichtigkeit versus Dringlichkeit

Diese Technik ist besonders geeignet für Menschen, die unter ziemlichem Zeitmangel leiden und sich dadurch gestresst fühlen, aber auch für Menschen, die frustriert sind und – obwohl sie täglich viel arbeiten – das Gefühl haben, nichts erledigt zu haben, was wiederum zu Stress führt.

Nehmen Sie einige Tage lang eine Analyse der anfallenden und zu erledigenden Arbeiten vor und teilen Sie die Aufgaben bzw. den dafür nötigen Zeitaufwand in vier Kategorien ein (mit Prozentangaben): wichtig und dringlich (eilig); wichtig und nicht eilig; eilig und unwichtig; weder eilig noch wichtig. Auch hierbei kann Ihnen Ihr Stresstagebuch behilflich sein, das Sie ruhig zur Hand nehmen und in das Sie die Ergebnisse eintragen können.

Der Standpunkt macht es nicht; die Art macht es, wie man ihn vertritt.
Theodor Fontane

Der Ratschlag der Zeitmanager ist klar: Von Aufgaben, die sowohl von geringer Dringlichkeit als auch geringer Wichtigkeit sind, sollte Abstand genommen werden! Haben Sie ein wenig mehr Mut zum Risiko und entscheiden Sie sich öfters für den Papierkorb (Ablage „P"). Dabei geht es hier auch um Themen wie „Grenzen ziehen", „Nein sagen" und das Bedürfnis, von allen akzeptiert und geliebt zu werden.

Alltagsbeispiele sind z. B. die Zeitschriftenstapel, die man anhäuft und sammelt, obwohl klar ist, dass man diese nie lesen wird. Aber auch Aufgaben, die man für Andere erledigt, gehören dazu, da sie auf der emotionalen Ebene an uns appellieren: „Ich bräuchte dies so dringend, könnten Sie bitte diese Sache bis morgen früh für mich erledigen" etc. Die Folgen von solchen scheinbar kleinen und nebensächlichen Erledigungen können echte Ausmaße annehmen und uns über eine lange Zeit für wirklich wichtige Sachen blockieren.

Das Masern-Phänomen

Bei dieser sehr effektiven Arbeitstechnik geht es um die Selbstanalyse sowie das Erkennen der eigenen Ineffektivität. Die Aufgabenstellung ist recht einfach: Wählen Sie ungefähr zehn Schriftstücke, die Sie heute zu bearbeiten haben. Markieren Sie die Papiere mit einem roten Punkt in der rechten oberen Ecke. Dann arbeiten Sie einfach normal weiter. Jedes Mal, wenn Sie eines der Dokumente danach wieder in die Hand nehmen, setzen Sie einen weiteren roten Punkt in die rechte obere Ecke. Im Laufe der Zeit ergibt sich ein Bild darüber („Masern-Test!"), wie häufig Sie die Unterlagen zur Hand nehmen, bis Sie sie erledigen.

Erreichte Leistungen sowie Erreichtes

Häufig klagen Menschen darüber, dass sie nichts erreicht haben. Alles sei unbedeutend gewesen: „Was habe ich schon gemacht? Das könnte doch jeder tun." Eine erfolgreiche Technik hier ist das Erstellen einer Liste bisheriger Leistungen, Errungenschaften, überstandener Krisen usw.

Erfolgslisten

Eine 45-jährige Mutter dreier Kinder, deren Ehemann Chefredakteur einer großen amerikanischen Tageszeitung ist, kommt wegen Ängsten und Depressionen in die therapeutische Sprechstunde. Neben vielen frühkindlichen und aktuellen Problemen geht es auch um das Thema, dass sie doch nichts tue, ihr Mann verdiene das Geld etc. Wir haben dann gemeinsam versucht, eine „Erfolgsliste" zu erstellen, wobei der Schlüssel zum Erfolg im Aufschlüsseln der einzelnen Ereignisse liegt. Die drei Kinder haben wir aufgeschlüsselt in: Dreimal schwanger werden (über 25 Prozent aller Ehepaare bleiben heute ungewollt kinderlos, daher ist es schon ein Erfolg, überhaupt schwanger zu werden); drei Schwangerschaften „ausgetragen", drei Geburten gut überstanden, Kinderkrankheiten, Kindergarten, Schule usw. Das Ergebnis war eine lange Liste mit Leistungen und Erfolgen, die diese Frau in ihrem Leben aufzuweisen hatte.

Mit einem erfolgreichen 28-jährigen Geschäftsmann, der unter Schlafstörungen und Versagensängsten litt, wurde ebenfalls eine Liste erstellt – er empfand es als sehr ermutigend und entlastend festzustellen, was er bisher erreicht hatte. So kam er als junger Mann direkt nach Studienabschluss nach Moskau. Er fand das völlig normal und deshalb erschien dieses Ereignis auf seiner Liste auch nur als kleiner Punkt. Als dann aber genauer untersucht wurde, wie viele seiner Studienkollegen dies getan haben oder hätten, wie viele Ausländer es in Russland nicht aushalten können und in einigen Fällen bereits nach sage und schreibe 48 Stunden (!) das Land für immer wieder verlassen, und dass er bereits 4 Jahre hier sei, konnte er nicht nur seine Leistungen erkennen und anerkennen, sondern sich vom „Himalaja-Phänomen" (vergleiche dort) befreien. Er hatte für seine 28 Jahre Einzigartiges erlebt und erreicht und lernte schließlich auch, auf das Erreichte zu schauen.

Wenn Sie Schwierigkeiten haben, solch eine Liste selbst aufzustellen, weil Sie meinen, das wäre egoistisch und schickt sich nicht oder weil Sie meinen, selbst noch nichts geleistet zu haben, besprechen Sie doch mit Ihrem Partner das Problem.

Bei dieser Technik geht es neben den Aspekten des Himalaja-Phänomens um die Fähigkeit, dass man erlernt, Komplimente anzunehmen, sich an seinen persönlichen Erfolgen zu erfreuen und dies auch der Umwelt und Anderen mitzuteilen, sich selbst für seine Leistungen zu loben und natürlich auch, auf sich selbst stolz sein zu können.

Der Weg ist das Ziel – Ergebnisorientiertheit versus Prozessorientiertheit

In der Geschäftswelt wird heute zunehmend zwischen Ergebnissen und Prozessen getrennt. Während es früher ausschließlich um Ergebnisse (Umsatzsteigerung etc.) ging, treten heute immer mehr Prozesse (Teamarbeit, Beziehungen innerhalb der Gruppe etc.) in den Vordergrund. Diese Begriffe aus der Unternehmenswelt lassen sich sehr gut auf den persönlichen Umgang mit Stress übertragen.

Aus transkultureller Sicht sind individualistische Menschen wie etwa in Westeuropa oder Nordamerika eher ergebnisorientiert, während kollektivistische Menschen wie beispielsweise im Vorderen Orient eher prozessorientiert sind.

Viele Menschen sind durch ihre Erziehung ergebnisorientiert geworden: Was zählt sind die konkreten Ergebnisse, wie z. B. gute Schulnoten, ein höherer Umsatz, mehr Kunden, ein Haus, zwei Autos usw. Weiterhin spielt bei vielen auch noch eine Rolle, in welcher Zeit die Ergebnisse erbracht wurden und wie effektiv sie beispielsweise arbeiten, den Haushalt führen, die Kinder erziehen, Sport treiben, Fahrrad fahren. Leider ist diese Tendenz in unserer Gesellschaft nicht nur im Berufsleben, sondern auch in unseren privaten Beziehungen zunehmend zu finden.

Die Prozessebene dagegen umfasst Kontakte und Beziehungen. Zeit und Effektivität sind sekundär, es geht darum, beziehungserhaltend vorzugehen. Der Individualist versucht, in einer Konfliktsituation noch härter an sich zu arbeiten, bis er den Konflikt lösen kann. Der Kollektivist passt sich an die Situation an. Prozessorientiertheit kann sehr gut mit dem bekannten chinesischen Spruch „Der Weg ist das Ziel“ beschrieben werden: Es kommt in erster Linie auf das Bemühen an. Erfolge, das müssen wir uns ganz klar machen, sind von einer Vielzahl von Faktoren abhängig und nur einer davon ist das eigene Bemühen.

Städtereise und Kindererziehung

Aus ergebnisorientierter Sicht ist die Reise dann gelungen, wenn ich möglichst viele Sehenswürdigkeiten gesehen habe. Ich bin zwar danach todmüde und abgekämpft, aber kann zu Hause auflisten, wo ich innerhalb von drei Tagen überall gewesen bin. Der Maßstab für den Prozessorientierten ist das Ausmaß der eigenen Erholung und Freude, nach dem Motto „Dabei sein ist alles.“

Die Kindererziehung ist ein weiteres Beispiel. Eltern planen an Wochenenden oft ein volles Programm für die Kinder und hetzen mit diesen von einem Termin zum Anderen. Was die Kinder im Grunde wollen, ist Kontakt mit den Eltern, und den hätte man zu Hause bei einem Gesellschaftsspiel vielleicht viel mehr haben können.

Bei dieser Technik geht es um die Leistungskonzepte der Eltern, die auf die Kinder übertragen wurden. Häufig wurde die elterliche Liebe als abhängig von der Leistung erlebt, d.h. ich wurde geliebt, wenn ich gute Noten nach Hause brachte. Um geliebt zu werden, entwickelt das Kind dann die unbewusste Strategie: Bessere Noten – mehr Liebe, ein Konzept das sich später vom Privaten bis ins Berufsleben hinein fortsetzt.

Stress entsteht nun, wenn für einen ergebnisorientierten Menschen eine Diskrepanz zwischen „Input“ und „Output“ entsteht, d.h. die eingesetzte Energie und Zeit in keinem Verhältnis zum Ergebnis stehen. Viele Dinge im Leben können nicht auf der Ergebnisebene verstanden und beurteilt werden. Das beste Beispiel sind Beziehungen. Wo ist das fassbare „Ergebnis“ einer Ehe oder der Kindererziehung? Vielleicht, dass man nach 20 Jahre noch zusammen lebt oder aus den Kindern nach 25 Jahren etwas geworden ist? Auch hier ist die Bemühung das Entscheidende, und wie oft „scheitern“ Beziehungen, vom Ergebnis her gesehen, trotzdem. Beziehungen sind häufig völlig ineffektiv, trotzdem leben wir in ihnen und möchten sie nicht missen.

Ausschließliche Ergebnisorientiertheit

Ein 35-jähriger Geschäftsmann kommt mit innerer Unruhe, Erschöpfung und depressiver Stimmungslage in die Ambulanz. Gemeinsam stellen wir fest, dass er über zwei Jahre maßgeblich an der Vorbereitung eines Ölbohrprojektes in Kasachstan beteiligt war, und als alles unterschriftsreif war, entschloss sich die russische Gegenseite, einer anderen Firma den Auftrag zu geben. Er bezog dieses Versagen auf sich selbst, sagte sich, dass es geklappt hätte, wenn er noch härter gearbeitet hätte und dass er nun vor allen wie ein Versager dastehe. Die Arbeit von fast zwei Jahren sei völlig umsonst gewesen. Während der Therapie lernte er, zwischen den beiden Ebenen zu unterscheiden, sich vom Konzept der ausschließlichen Ergebnisorientiertheit zu trennen und es zu erweitern.

Ziel dieser Technik ist es, beide Ebenen zu entwickeln und einzubringen, denn nur dann können wir ganzheitlich vorgehen. Die besten Ergebnisse kann nur der auf lange Sicht erbringen, der in seinem Tun beide Aspekte vereint. In dem Ausmaß, in dem ich die Prozessebene zulasse, erkenne ich, wie mich Situationen weniger stressen und ich mehr auf meine Verantwortung konzentriert bin anstatt auf das Verhalten Anderer.

Grenzen ziehen

Das Thema Grenzen und Grenzziehung ist ein aktuelles Thema – nicht nur in der Stresstherapie. Kaum ein Selbsthilfeseminar, welches sich nicht mit dem Setzen innerer und äußerer Grenzen beschäftigt. Hier geht es darum, seine eigenen Grenzen zu erkennen und diese zu akzeptieren. Ansonsten sind Stress und Überforderung die Folge.

Wer etwas Gutes will, der muss sich zu beschränken wissen, wer dagegen alles will, der will in der Tat nichts und bringt es zu nichts.
Georg Wilhelm Friedrich Hegel

Das Balance-Modell zwischen Wunsch und Wirklichkeit

Das Modell der Energieverteilung, das schon erläutert worden ist, geht nach dem Prinzip der Harmonie und des Gleichgewichtes der Energieverteilung auf die vier Hauptlebensbereiche Körper – Arbeit – Beziehungen – Sinn aus. Es gibt zahlreiche Anwendungs- und Variationsmöglichkeiten dieses Konzeptes. Nachfolgend sollen drei Techniken kurz beschrieben werden:

- Energie: Zeichnen Sie Ihre heutige Energieverteilung auf die vier Bereiche schematisch auf. Die einzige Vorgabe ist, dass Sie insgesamt auf nicht mehr als 100 Prozent Lebensenergie kommen sollten.

- Zeit: Geben Sie Ihre heutige Zeitverteilung auf die vier Bereiche an. Wie viel Zeit investieren Sie täglich in jeden der einzelnen Bereiche?

- Wunsch: Wie sollte Ihr Leben aussehen? Wie viel an Energie würden Sie gerne in jeden der vier Bereiche investieren, wenn Sie es frei entscheiden könnten?

Im „Idealfall“ sind alle drei Modelle identisch. Sie leben heute wie Sie es sich wünschen und in Bereiche, die viel Zeit benötigen, fließt ein entsprechender Anteil an Energie. Oft genug ist diese Verteilung leider nicht so, und es findet sich ein großer Unterschied zwischen Energieaufwand und Zeitverteilung. Dies kann als Anzeichen gedeutet werden, dass ein Problem oder Konflikt in der Sphäre existiert, in der viel Energie, aber wenig Zeit investiert werden. Dies ist fast immer bei Beziehungsproblemen der Fall:

Eine Stunde zu Hause kostet soviel Energie und Kraft wie ein ganzer Arbeitstag.

Erkennen Sie Ihre Bedürfnisse

Kleinigkeiten

Eine 43-jährige Ehefrau kommt mit depressiver Verstimmung in die Therapie. Ihr Mann ist beruflich bedingt vor einem Jahr mit ihr ins Ausland gezogen, und sie müssen noch zwei Jahre bleiben. Sie hält es hier nicht mehr aus und nichts ist so, wie sie es möchte. „Was brauchen Sie, um hier glücklich zu werden (zu sein)?“ Diese Frage überrascht die Patientin, da sie sich noch nie damit auseinander gesetzt hat. Es ging ihr immer nur um „Wie komme ich hier heraus?“, obwohl dies objektiv in den nächsten zwei Jahren nicht möglich ist. Gemeinsam wurde eine Liste ihrer Wünsche erstellt, und sie wunderte sich, dass „Kleinigkeiten“ ausreichten, um ihr das Leben lebenswerter zu machen.

Diese Technik ist hilfreich, um aus der passiven Rolle des Leidenden herauszukommen und sich nicht mehr als hilflos und ausgeliefert anzusehen, sondern sich aktiv mit Veränderungsmöglichkeiten auseinander zu setzen und sich für das eigene Leben verantwortlich zu fühlen. Die praktische Erfahrung hat interessanterweise gezeigt, dass die meisten Menschen relativ wenig zum Glücklichsein benötigen. So standen etwa bei den im Ausland lebenden Menschen häufig einfache Dinge wie E-Mail-Anschluss zu legen, Satellitenfernsehen, Tageszeitung in der Heimatsprache oder Autokauf auf der Liste, und schon hierdurch veränderte sich das Leben zum Positiven.

Sie können sich auch fragen: „Was würde ich tun, wenn ich keine Probleme mehr hätte?“

Inhaltlich spielen hier auch oft die Themen Sparsamkeit („Wir wollen Geld sparen und später das Leben genießen“) und ein temporärer Lebensstil („Wir ziehen bald sowieso weg, daher lohnt sich diese Anschaffung nicht mehr“) eine Rolle. Wir alle kennen jedoch aus eigener Erfahrung, wie aus einem geplanten Jahr 5 oder 10 Jahre geworden sind.

Vergessen Sie nicht, wir leben im Hier und Jetzt, und nicht in der Zukunft!

Identifizieren Sie die „Psycho-Vampire“

Liebe Mitarbeiter

Eine 32-jährige Frau arbeitet als Chefsekretärin in einer großen Anwaltskanzlei und kommt wegen Insomnie, Depression und Somatisierungsstörungen in die Praxis. Sie fühlt sich völlig erschöpft, ausgelaugt und unmotiviert. Als sie nach den „Psycho-Vampiren“ in Ihrer Umgebung gefragt wird, spricht sie sofort darauf an. Die monatliche Telefonrechnung im Büro sei wieder einmal zu hoch gewesen und es besteht der Verdacht, dass die Anwälte Privatgespräche ins Ausland geführt haben. Der Chef beauftragt sie, dies den Mitarbeitern mitzuteilen. Sie schreibt ein bürointernes Memorandum, das mit den Worten „Liebe Mitarbeiter“ beginnt. In diesem Memo entschuldigt sie sich mehrere Male, appelliert an die Vernunft der Anwälte und bittet diese, nicht mehr ins Ausland zu telefonieren. Das Ergebnis: Keiner hat ihr Memo gelesen, keiner nimmt sie ernst, und sie hat sehr viel Energie investiert.

Bei der Technik der „zwei Ebenen der Kommunikation“ kann man, etwas verallgemeinert, von zwei Kommunikationsebenen oder -stilen ausgehen: der emotionalen und der rationalen. Die emotionale Ebene ist die verständnisvolle, auf den Anderen eingehende und gefühlsreiche. Die rationale Ebene ist eher die sachliche und emotional distanzierte Ebene. Die Chefsekretärin im Fallbeispiel hat versucht, auf der emotionalen Ebene mit den Kollegen zu kommunizieren und hat dadurch viel Energie verloren.

Wenn man hinter den vordergründigen Stresssymptomen den zugrunde liegenden Konflikt sucht, so trifft man auf die Problematik des „Von-allen-geliebt-werden-wollens“, nicht „Nein-sagen“ können, Andere nicht verletzen und es allen recht machen wollen. Dabei kann man es nie allen recht machen und egal wie Sie sich verhalten, nie würden Sie alle „lieben“. Bei der Arbeit – so unser Beispiel – sollte daher vermehrt die rationale Ebene eingesetzt werden. Das benötigt weniger Energie, die Anordnungen werden von den Mitarbeitern eher ausgeführt und man wird zunehmend mehr respektiert.

„Psycho-Vampire“ schlagen immer auf der emotionalen Ebene zu, denn hier ist die Verletzbarkeit am höchsten. Indem man lernt, sich nicht auf die emotionale Ebene „herunterziehen zu lassen“ und die oben genannten Konflikte für sich bearbeitet hat, kann man erfolgreich gegen sie ankämpfen und sich verteidigen.

Hilfreich ist auch die folgende Aufgabe: Stellen Sie eine Liste aller „Vampire“ auf, um dann gemeinsam mit Freunden oder Ihrem Partner die Angriffstechniken dieser Personen zu analysieren und herauszufinden, weshalb sie so eine Macht über Sie haben. Überlegen Sie sich, wie Sie den „Vampiren“ auf beiden Ebenen begegnen können und welche Techniken Sie einsetzen müssen, um Ihre Ziele besser durchsetzen zu können.

Erschöpfung durch Ängste und Depression

Der Traum und sein Sinn

Ein orientalischer König hatte einen beängstigenden Traum. Er träumte, dass ihm alle Zähne, einer nach dem anderen, ausfielen. Beunruhigt rief er seinen Traumdeuter herbei. Dieser hörte sich den Traum sorgenvoll an und eröffnete dem König: „Ich muss dir eine traurige Mitteilung machen. Du wirst genau wie die Zähne alle Angehörigen, einen nach dem anderen verlieren.“ Die Deutung erregte den Zorn des Königs. Er ließ den Traumdeuter in den Kerker werfen. Dann ließ er einen anderen Traumdeuter kommen. Der hörte sich den Traum an und sagte: „Ich bin glücklich, dir eine freudige Mitteilung machen zu können: Du wirst älter werden als alle deine Angehörigen, du wirst sie alle überleben.“ Der König war erfreut und belohnte ihn reich. Die Höflinge wunderten sich sehr darüber. „Du hast doch ei-

gentlich nichts Anderes gesagt als dein armer Vorgänger. Aber wieso traf ihn die Strafe, während du belohnt wurdest?", fragten sie. Der Traumdeuter antwortete: „Wir haben beide den Traum gleich gedeutet. Aber es kommt nicht nur darauf an, was man sagt, sondern auch wie man es sagt."

Etwa 10 Prozent der Deutschen leiden an behandlungsbedürftiger Angst in Form von Phobien, Panikattacken, sozialen oder generalisierten Befürchtungen.

Überlastung und Erschöpfung sind häufig Symptome und Begleiterscheinungen von Ängsten und Depressionen. Wenn man hinter die Fassaden von Aussagen wie „Ich kann nicht mehr", oder „Ich schaffe es einfach nicht mehr" schaut, findet man häufig schwere Ängste oder Depressionen, die aber zunächst nicht zugegeben werden. Der Grund: Die meisten Angstgepeinigten spielen ein qualvolles Versteckspiel, weil sie befürchten, vor ihren Mitmenschen als verrückte Geisteskranke oder lächerliche Versager dazustehen. Zahllose Menschen leiden an unbewussten Ängsten, die sich hinter einer Vielzahl – scheinbar körperlicher – Beschwerden verbergen. Diese armen Betroffenen wandern dann sehr häufig lange von einer Arztpraxis zur anderen, ohne dass eine organische Ursache für ihre Beschwerden gefunden werden kann.

Angst hat immer einen Grund

Dabei sind die Befürchtungen der Betroffenen völlig ohne Grund, denn es gibt keine grundlose Angst. Richtig ist, dass die Quelle der Angst nur allzu oft nicht ohne weiteres sichtbar ist. Das liegt an der besonderen Struktur der menschlichen Seele, die es möglich macht, dass ein Mensch seine angemessene Angst auf eine wirkliche Bedrohung verdrängen kann. Diesen Mechanismus kennen wir von Menschen in Kriegsgebieten, die trotz entsetzlicher Todesgefahr ihren gewohnten Tagesablauf einhalten. Oder auch von Kindern, die sich trotz widriger familiärer Verhältnisse und Entbehrungen gut entwickeln und nicht selten überraschende Fähigkeiten entfalten. Aber mit der Verdrängung ist die ehemalige Not und Angst nicht getilgt. Sie lebt unbewusst fort und bricht plötzlich – ohne Voranmeldung – hervor, etwa wenn eine aktuelle Lebenssituation in irgendeiner Weise der alten Notlage ähnelt.

Ein anderer Trick der menschlichen Seele im Umgang mit Angst ist die Verschiebung: Viele Menschen leben unter einer Vielzahl beunruhigender Umstände. Dies sind zum Beispiel ungesunde Lebensweise, Überforderung, drohende Arbeitslosigkeit, familiäre Konflikte, fehlende Zukunftsperspektiven, das Gefühl von Sinnlosigkeit, Sorgen um die Umwelt oder den Weltfrieden. Diese schwer fassbare, diffuse Angststimmung sucht sich einen konkreten Gegenstand, an dem sie sich festmachen kann. Ein Ziehen in der Brust zum Beispiel, das von einer harmlosen Verspannung der Brustmuskulatur herrührt, wird zum Anlass einer heftigen Angst um das eigene Herz, die sich durchaus zu einer Herzphobie auswachsen kann. Für den angstgeplagten Menschen hat das den Vorteil, dass er etwas Greifbares in der Hand hat, einen Pseudogrund für seine Befürchtungen. Er kann sich und viele Ärzte mit seinen Herzsymptomen lange beschäftigen und erspart sich damit, sich den eigentlichen, tiefer liegenden Ängsten zu stellen.

Wie entstehen Ängste und Depressionen?

Ängste sind auf das Innigste mit Bedürfnissen verbunden. Wo kein Bedürfnis ist, ist auch keine Angst. Angst und Wut treten auf, wenn die Befriedigung eines Bedürfnisses tatsächlich oder vermeintlich behindert wird. Wut erzeugt wiederum Angst, weil sie die Grundbedürfnisse, wie beispielsweise den Wunsch, geliebt zu werden, gefährdet und das Risiko in sich birgt, eine Gegenaggression oder Strafe auf den Plan zu rufen. Je grundlegender das behinderte oder bedrohte Bedürfnis ist, desto heftiger wird die Wut ausfallen. Und je gefährlicher die eigene Wut empfunden wird, desto größer wird die daraus resultierende Angst sein.

Wer sich mit seiner Vergangenheit nicht auseinandersetzt, ist gezwungen, sie zu wiederholen.
Sigmund Freud

Wer lange genug auf seine Bedürfnisse verzichtet oder seine Triebe unterdrückt hat, wird irgendwann resignieren, das heißt: Seine Lebensfreude einbüßen. Um sozial verträglich zu leben, benötigt ein solcher Mensch den größten Teil seiner Energie, um die eigenen Wünsche zu bekämpfen und seine Wut zu beherrschen. Er wird sich müde, kraftlos und leer fühlen. Aber mit ihrer Unterdrückung ist die Wut keineswegs erledigt. Wohin also mit ihr? Die Wut sucht sich einen Weg, der auf den ersten Blick am wenigsten gefährlich erscheint: Der Betroffene richtet sie gegen sich selbst. Genau das aber hat auf die Dauer fatale Konsequenzen, denn man beginnt, sich selbst zu hassen, abzuwerten, zu verachten, anzuklagen, zu bestrafen und – im Extremfall - sich selbst zu zerstören. Dieser Zustand heißt Depression.

Erfahrungsgemäß entwickeln Mitteleuropäer und Nordamerikaner depressive Verstimmungen, weil ihnen der Kontakt fehlt, sie isoliert sind und unter dem Mangel an emotionaler Wärme leiden. Im Orient leiden hingegen die Menschen unter Depressionen, weil sie sich durch die Enge ihrer sozialen Verpflichtungen und Verflechtungen, denen sie nicht ausweichen können, überfordert fühlen.

Der Depression liegt die Angst zu Grunde, nicht genug zu bekommen, nichts wert zu sein, abgelehnt zu werden oder jemanden zu verlieren. Wenn Menschen vor dieser Angst kapitulieren – zum Beispiel vor sozialer Ablehnung – und sich aus ihren zwischenmenschlichen Beziehungen zurückziehen, geraten sie leicht in eine ausweglose Spirale: Durch ihren Rückzug verlieren sie die Quelle für Anerkennung, Bestätigung, Befriedigung und Liebe. Das schwächt wiederum ihr Selbstvertrauen und verschlimmert ihre Angst, die sie weiter in die Isolation treibt. Am Ende stehen Hoffnungslosigkeit und Verzweiflung. Andererseits ist es eine Grundbedingung und zentrale Erfahrung menschlicher Existenz, dass unsere Triebe und Bedürfnisse an reale Grenzen stoßen. Spätestens mit dem Tod müssen wir auf alle lebensbezogenen Wünsche verzichten. Diese Erkenntnis ist äußerst schmerzvoll und kann nur mit Trauer bewältigt werden. Trauern ist jedoch eine mühevolle Arbeit, der sich viele Menschen gerne entziehen. Sie versuchen die realen Bedingungen des Daseins aus ihrem Bewusstsein zu verbannen, aber das funktioniert nur bis zu einem bestimmten Punkt. Irgendwann muss man doch den Wahrheiten ins Auge sehen!

Depressionen

- Als **reaktive Depression** oder depressive Reaktion bezeichnet man Beschwerden, die mit äußeren Auslösern, Verlusten, Kränkungen oder belastenden Lebensumständen verbunden sind wie etwa der Tod von Angehörigen, berufliche Schwierigkeiten, Kriegselend oder Katastrophen.
- Unter **depressiver Entwicklung** versteht man die Folge einer ganzen Reihe von Schicksalsschlägen und Mikrotraumen, die alle

zusammengenommen wirken wie etwa ungewöhnliche und fortwährende Härte des Lebensschicksals, beispielsweise einer Muss-Ehe der Eltern, eines alkoholsüchtigen Vaters, einer verbitterten und gefühlsarmen Mutter, einer lieblosen Atmosphäre zu Hause, des Versagens in der Schule, unehelicher Schwangerschaft, vereitelter Berufspläne, Verlust guter Freunde. Auch jahrelang andauernde Probleme mit dem Partner über Themen wie Ordnung, Pünktlichkeit, Gerechtigkeit und Sparsamkeit können zu Ängsten, Aggressionen und Depressionen führen.

• Wenn jemand bewusst oder unbewusst immer wiederkehrende Konflikte selbst provoziert, ohne dass eine bessere Einsicht aus der Erfahrung ihn davor bewahrt (Wahl verheirateter Partner, Berufswahl und Mitarbeiterwahl), so liegt eine **neurotische Depression** vor. Weiß man beispielsweise, dass der Partner besonderen Wert auf Ordnung, Pünktlichkeit oder Sparsamkeit legt und provoziert man ihn dennoch laufend mit entgegengesetzten Verhaltensweisen, so bringt man durch die ständige Herausforderung nicht nur den Partner, sondern auch sich selbst in eine neue Konfliktsituation nach dem Motto „Wer Anderen eine Grube gräbt, fällt selbst hinein!“

• Bei der **verkappten Depression** ist der Betroffene kaum in der Lage, depressive Affekte oder Denkinhalte zu äußern. Die Beschwerden konzentrieren sich auf ein gestörtes Körpererleben wie etwa Herz-, Kopf-, Schulter-, Arm- und Rückenbeschwerden, Verdauungsprobleme, Appetit- und Schlafstörungen, gynäkologische Beschwerden oder Störungen im sexuellen Bereich. Hinter diesen Beschwerden verbergen sich meistens berufliche, partnerschaftliche und Zukunftsprobleme, die sich oft über lange Zeiträume summieren und mikrotraumatisch wirken.

• Die **symptomatische Depression** basiert auf körperlichen Krankheiten (Infektanfälligkeit, Diabetes mellitus, Schilddrüsenerkrankungen, Blutdruckschwankungen, rheumatischen Beschwerden, Allergien, Sucht usw.) und auf der Art und Weise, in welcher der Betreffende gelernt hat, mit Krankheiten umzugehen.

Gründe für die Angst und Depression

- Anlage, Vererbung (erhöhte Erregbarkeit und Irritierbarkeit).
- Organische Krankheiten, die häufig mit Angst und Depressionen einhergehen (Diabetes mellitus, Schilddrüsen- Erkrankungen, Herz- und Lungenerkrankungen, Eisenmangel, Blutarmut, organische Gehirnerkrankungen, Psychosen, Epilepsie, Pfeiffersches Drüsenfieber, Lebererkrankungen, besonders nach Alkoholmissbrauch).
- Gifte: Alkohol, Nikotin, Drogen, Koffein.

Nur durch Hoffnung bleibt alles bereit, immer wieder neu zu beginnen.
Charles Péguy

- Mangelerscheinungen (vor allem bei Mangel von Magnesium, Zink, Vitaminen des B-Komplexes).
- Funktionell-vegetative Störungen (prämenstruelles Syndrom, Kreislaufstörungen, Verdauungsstörungen, Störungen der Darmflora).
- Körperliche Erschöpfung nach langer Krankheit oder Operation.
- Hormonelle Umstellungsphasen (z. B. Pubertät, Wechseljahre).
- Belastungen und Gefahren in Ausbildung und Berufsleben.
- Arbeitslosigkeit, Überforderungen, technische Neuerungen, Mobbing, Prüfungen.
- Ängste in der Partnerschaft (Nähe, Abhängigkeit, Verlust der Unabhängigkeit, Sexualität, Schwangerschaft, Kränkungen, Missverständnisse, Untreue, Trennung).
- Ängste in der Familie, im Freundeskreis, in der Öffentlichkeit (nicht be- oder geachtet, nicht anerkannt, zurückgesetzt, beschämt, bestraft, ungerecht behandelt, allein gelassen, verraten zu werden`, Angst vor Aggression, auch der eigenen Aggression).
- Schuldgefühle (Gewissensangst).
- Angst vor einer ungewissen Zukunft (existenzielle Angst).
- Fehlende Lebensplanung, fehlender Lebenssinn, Endlichkeit des Lebens, Leben nach dem Tod, Frage nach Gott, Angst vor Veränderung

Wenn Sie sich überlastet und erschöpft fühlen, suchen Sie selbst nach Gründen für mögliche Ängste oder Depressionen. Die oben genannte Liste bietet Anhaltspunkte für Ihre Überlegungen. Auch wenn Sie es sich nur schwer vorstellen können, so führen nicht eingestandene Ängste doch zu Überlastungen und Stress.

Typische Angstanzeichen

Eine ganze Reihe an typischen körperlichen und seelischen Anzeichen für Angst finden, sich auch bei Stress – ein Hinweis auf die direkte Verwandtschaft zwischen beiden Zuständen.

Angst kann sich auch hinter körperlichen Beschwerden verbergen, wie etwa Schwitzen, Muskelzucken, Schwindel, Beben oder Versagen der Stimme, schneller Herzschlag, stockender Atem, Luftnot, Appetitlosigkeit, Taubheitsgefühl, Durchfall (sich vor Angst in die Hose machen), Potenzstörungen, Erschöpfung und Frösteln, unkoordinierte Handbewegungen, Kopfschmerzen, Druck in der Brust, Brustschmerzen, Würgegefühl, Übelkeit, Brechreiz, Durst, trockene Kehle, weiche Knie, Krampfanfälle, Gedächtnisstörungen, Schlafstörungen, Zittern, Erröten, Kreislaufstörungen, Kloßgefühl im Hals, Herzklopfen, Hustenreiz, schnelles Atmen, flaues Gefühl im Bauch, plötzlicher Harndrang, Konzentrationsstörungen, Gedankenblockade. Hier können Sie selbst auch anhand Ihres Tagebuches nachvollziehen, welche körperlichen Symptome bei Ihnen auftreten. Vielleicht erkennen Sie dann auch, in welchen Situationen Stress und Angst auftreten.

So können Sie gegen Ängste und Depressionen vorgehen

Vor Beginn einer Therapie muss von einem Arzt ausgeschlossen werden, dass eine körperliche Krankheit als Ursache vorliegt.

Für die wirksame Behandlung von Ängsten und Depressionen stehen heute eine ganze Reihe an psychotherapeutischen Verfahren und medikamentösen Therapien zur Verfügung, die häufig auch miteinander gekoppelt werden können. Je nach Ausprägung der Störung werden diese Verfahren in spezialisierten Kliniken, aber auch ambulant bei ärztlichen und psychologischen Psychotherapeuten angeboten. Natürlich können Sie auch mit ganz einfachen Mitteln zunächst selbst versuchen, Angst und Stresszustände in den Griff zu bekommen.

Planen Sie in Ihren Tagesablauf genügend Zeiten für Freizeit und Erholung ein.

So stabilisieren Sie Körper und Seele

- Vermeiden Sie alles, was Sie auf Dauer schwächt: Alkohol, Nikotin, Drogen und Medikamente (außer denen, die Ihnen Ihr Arzt verordnet).

- Übertreibungen bei der Arbeit, beim Sport, Essen oder Sonnen schaden Ihnen.

- Maß halten ist eine der wichtigsten, aber auch schwierigsten Grundlagen seelischen Gleichgewichts.

- Ernähren Sie sich vollwertig: Essen Sie überwiegend pflanzliche, naturbelassene Nahrung. Zum Beispiel Gemüse, Kartoffeln, Salate, Vollkornprodukte. Milchprodukte und Obst. Verzichten Sie auf Zucker und alle Süßigkeiten.

- Sorgen Sie für eine ausreichende Versorgung mit Vitaminen des B-Komplexes, Magnesium und Zink. Diese Vitamine und Mineralien fördern und stabilisieren die Nervenfunktion.

- Regeln Sie Ihren Tagesablauf. Achten Sie auf ausreichenden Schlaf, genügend Zeit für Mahlzeiten, für Menschen, die Ihnen etwas bedeuten, für Freizeit und Erholung.

- Treiben Sie Sport, am besten Ausdauersportarten wie Laufen, Rad fahren und Schwimmen. Nutzen Sie alle Möglichkeiten zum Gespräch – auch in Ihrem Familien- und Freundeskreis. Versuchen Sie Menschen zu finden, die auch an Angst leiden oder gelitten haben. Alleine findet man schlecht aus dem Teufelskreis der Angst heraus.

- Verlieren Sie nicht weiter kostbare Zeit und Energie. Schauen Sie sich das Drama in Ihrem Inneren genau an. Am besten schreiben Sie genau auf, wie sich Ihre Angst körperlich anfühlt, wie Sie sie wo spüren, welche Gedanken Ihnen durch den Kopf gehen, was Sie tun und sagen. So werden Sie mit Ihrer Angst vertraut und lernen sie allmählich immer besser kennen.

Die fünf Säulen erfolgreicher Angst- und Depressionsbehandlung

Die ganze Lebenswirklichkeit des leidenden Menschen – also sowohl die Bereiche, in denen es Probleme, Konflikte und Beschwerden gibt als auch die gut funktionierenden Bereiche – müssen bei der Behandlung bedacht werden. Wenn Sie sich ein umfassendes und übersichtliches Bild von Ihrer eigenen aktuellen Lebenssituation oder der eines anderen Menschen machen wollen, bewährt es sich, die vier Bereiche der Lebenswirklichkeit, nämlich Körper, Leistung, Kontakt, Fantasie zu betrachten. Die Untersuchung dieser vier Bereiche unserer Lebenswirklichkeit ermöglicht eine rasche Orientierung über folgende Fragen:

Je besser Sie Ihre Angst kennen, desto besser werden Sie mit ihr fertig werden.

- Sind die körperlichen Symptome seelisch mit bedingt?

- Haben seelische Symptome eine körperliche Mitursache?

- Wie stark ist die Beeinträchtigung des Alltags?

Die Schwere einer Krankheit bemisst sich nicht allein nach dem körperlichen Befund, sondern auch nach dem Ausmaß der persönlichen Betroffenheit (ablesbar in den vier Bereichen).

• In welchem Bereich spielen sich Konflikte ab?

• In welchem Bereich ist zu viel Energie und Zeit gebunden?
Dadurch können Konflikte in diesem Bereich begünstigt werden, wenn zum Beispiel jemand Tag und Nacht ununterbrochen mit seinem Partner zusammen ist.

• Welche Bereiche werden vernachlässigt?
Ein Defizit kann Folge mangelnder Erfahrung in diesem Bereich sein oder auch Ausdruck für Ängste und Konflikte, die vermieden werden sollen.

• Wo bestehen entwicklungsfähige Potenziale in den defizitären Bereichen?

• Ist die Überbetonung eines Bereiches eine Flucht vor den Problemen in den anderen Bereichen? Wenn ja, was wird dadurch kompensiert?

Ein wesentliches Ziel auch der Selbsthilfe in der Positiven Psychotherapie ist es, eine gleichmäßigere Energieverteilung auf die vier Bereiche Körper, Leistung, Kontakt und Fantasie herzustellen. Diese Balance ist Voraussetzung sowohl für unser körperliches als auch unser seelisches Gleichgewicht. Daher ist es wichtig, sein eigenes Ungleichgewicht zu erkennen und ins Lot zu bringen.

So schätzen Sie Stress, Angst und Depression richtig ein

Um die Frage nach verborgenen Defiziten oder Konflikten zu beantworten, sollten Sie die hier nun oft genannten vier Bereiche der Lebenswirklichkeit zudem noch einer genaueren Analyse unterziehen. Dabei hilft Ihnen der folgende Fragebogen, den Sie sorgfältig beantworten sollten. Im Anschluss können Sie erkennen, in welchem Bereich der Lebenswirklichkeit bei Ihnen Defizite vorliegen, welcher Bereich überbetont wichtig ist oder wo es Probleme gibt.

Fragen zum Bereich Körper

- Unter welchen körperlichen Beschwerden leiden Sie?
- Sind diese Beschwerden vom Arzt abgeklärt worden?
- Wurde eine Krankheit diagnostiziert, die Angst und Depression verursachen kann?
- Hat sich Ihr Befinden verändert
  - in der Pubertät?
  - nach der ersten Periodenblutung?
  - während oder nach einer Schwangerschaft
  - nach einer Geburt?
  - in oder nach den Wechseljahren?
- Sind Angstkrankheiten und Depressionen bei anderen Familienangehörigen bekannt?
- Haben Sie eine körperliche Behinderung?
- Wie viel und was rauchen oder trinken Sie?
- Trinken Sie große Mengen Kaffee oder Schwarztee?
- Essen Sie viel Zucker?
- Nehmen Sie Drogen oder Beruhigungsmittel?
- Achten Sie auf eine ausgewogene Ernährung?
- Nehmen Sie sich Zeit für Mahlzeiten, für Sport und Ruhepausen?
- Leiden Sie unter folgenden Funktionsstörungen:
  - Unregelmäßigkeiten oder Beschwerden während, vor oder nach der Periode?
  - Kreislaufstörungen (kalte Hände/Füße, schwarz vor Augen, Schwindelgefühl)?
  - Herzrhytmusstörungen, starkes Herzklopfen?
  - Verspannungen und Bewegungseinschränkungen der Halswirbelsäule?
  - Verdauungsbeschwerden (Blähungen, Verstopfung, Durchfall)?
- Leiden Sie unter Schlafstörungen, Unruhe, Konzentrationsstörungen oder ständiger Müdigkeit?
- Wie reagiert Ihr Körper auf Ärger, Stress, Zeitnot, Konflikte, Sorgen, Kritik, große Freude?
- Mögen Sie Ihren Körper?
- Brauchen Sie viel Zärtlichkeit oder Sexualität?
- Harmonieren Sie in Ihrem Zärtlichkeitsbedürfnis mit Ihrem Partner?
- Welche Bedeutung hatte und hat Zärtlichkeit und Sexualität in der Beziehung Ihrer Eltern untereinander und zu Ihnen?

Fragen zum Bereich Leistung

- Sind Sie mit Ihrem Beruf zufrieden?
- Bietet Ihr Beruf genügend Sicherheit, Einkommen und Anerkennung?
- Wie viele Stunden arbeiten Sie täglich/wöchentlich?
- Fühlen Sie sich überfordert? Befürchten Sie zu versagen?
- Kommen Sie mit Ihren Kollegen und Ihren Vorgesetzten zurecht?
- Wie reagieren Sie, wenn Ihre Leistung kritisiert wird?
- Fühlen Sie sich auch wohl, wenn Sie nichts zu tun haben?
- Welche Tätigkeit würden Sie gerne ausüben?
- Was mussten Sie früher tun, um von Ihren Eltern anerkannt und geliebt zu werden?

Fragen zum Bereich Kontakt

- Sind Sie mit Ihrer Partnerschaft zufrieden? Wenn nicht, warum?
- Wie verhält sich Ihr Partner, wenn Sie krank, voll Angst oder depressiv sind? Werden Sie bemuttert? Oder glauben Sie, dass Ihr Partner kein Verständnis für Ihre Probleme hat?
- Wer von Ihnen ist kontaktfreudiger, Sie oder Ihr Partner?
- Wie viel Zeit verbringen Sie mit Ihrem Partner, Ihrer Familie, mit Freunden?
- Wie ist das Verhältnis zu Ihren Eltern? Gibt es einen Menschen, mit dem Sie über alles sprechen können, auch über die intimsten Probleme?
- Hatten Sie als Kind viele Kontakte oder waren Sie isoliert?
- Fühlen Sie sich durch Ihre sozialen Bindungen und Verpflichtungen überfordert?
- Nehmen Sie viel Rücksicht darauf, was die anderen Menschen über Sie denken oder sagen könnten?
- Fehlen Ihnen Kontakte und emotionale Wärme?
- Bei welchen Menschen fällt es Ihnen schwer, Kontakt aufzunehmen?
- Welche Kriterien muss ein Mensch erfüllen, damit Sie Kontakt zu ihm haben wollen?

Fragen zum Bereich Fantasie und Zukunft

- Womit beschäftigen Sie sich in Ihren Gedanken (zum Beispiel mit Ihrem Körper, mit erotischen Fantasien, mit Ihrem Beruf, mit Ihrer Partnerschaft, Ihrer Familie, der Vergangenheit, der Zukunft)?
- Denken Sie an Sterben und Tod?
- Was glauben Sie, kommt nach dem Tod auf Sie zu?
- Fragen Sie sich oft, welchen Sinn Ihr Leben hat?
- Nach welcher Weltanschauung oder Religion haben Ihre Eltern gelebt?
- Wofür lohnt es sich zu leben und gesund zu werden?
- Was würden Sie gerne in den nächsten fünf Jahren verwirklichen oder verändern? Was muss sich am dringendsten verändern?
- Was würden Sie tun, wenn Sie keine Ängste und Depressionen mehr hätten?
- Was ist Ihr sehnlichster Wunsch (selbst wenn er unerfüllt ist)?

Vorgehen in der Therapie

Häufig verschließen sich schwerwiegende Ängste und Depressionen dem Zugang mittels Selbsttherapie. Dann ist es sinnvoll, den Arzt oder Psychotherapeuten aufzusuchen, um mit professioneller Hilfe einen Weg aus dem „zu Tode betrübt“-Zustand zu finden. Dem Hilfe Suchenden stehen eine Fülle an Angeboten sowohl medizinisch-medikamentöser als auch psychologischer Therapien gegenüber, und häufig fällt es schwer, die richtige Entscheidung für die eine oder andere Therapie selbst zu treffen.

Aus Sicht der Positiven Psychotherapie sollte eine erfolgreiche psychologische Behandlung die schon beschriebenen fünf Stufen des Vorgehens enthalten.

Beobachtung Angst geht mit für den Betroffenen charakteristischen und konstanten Reaktionen des Körpers, entsprechenden Wahrnehmungen und Wahrnehmungslücken, Denkmustern und Verhaltensautomatismen einher. Der Geängstigte ist sich in der Regel nicht voll bewusst, was sich da in seinem Inneren und Äußeren wirklich abspielt. Deshalb ist ein erster, wesentlicher Schritt einer Therapie, das Angstgeschehen minutiös zu beobachten, exakt zu beschreiben und so die Wahrnehmung der inneren und äußeren Realität zu schulen.

Als Beobachter verlässt der Kranke seine passiv erleidende Rolle. Er tritt zum Teil aus seinem eigenen Angstgeschehen heraus und gewinnt auf diese Weise Distanz.

Inventarisierung Das aktuelle Angstgeschehen ist in eine umfassende Lebenswirklichkeit eingebettet. Dazu gehören Zufriedenheit mit dem eigenen Körper, dem Beruf, der wirtschaftliche Situation, den sozialen Kontakten, Interessen, Weltanschauungen, funktionierenden Lebensbereichen, einschneidenden Ereignissen, unerfüllten Bedürfnissen, Einseitigkeiten, Konflikten und Defiziten in der Gegenwart, der Vergangenheit und Zukunft. Die Bestandsaufnahme dieser persönlichen Lebensdaten ist unverzichtbar, um die Ursachen und den Sinn der Angst zu begreifen.

Wer anfängt, seine Angst zu verstehen, kann sie leichter als Teil von sich selbst akzeptieren.

Ermutigung zur Veränderung des Verhaltens und praktische Hilfe Das Verstehen und Akzeptieren der Angst und Depression beseitigt noch lange nicht die durch sie verursachten Symptome und Einschränkungen. Der entscheidende Schritt, sich seiner Lebenssituationen zu stellen – die Konfrontation mit der Angst – ist ein hartes Training, das Willensstärke und Ausdauer erfordert. Das Vertrauen in die Zuversicht des Therapeuten trägt entscheidend dazu bei, diese schwerste Phase der Angstbehandlung durchzustehen. Unterstützend können Rollenspiele und Psychodramen, aber etwa auch naturheilkundliche Therapien, Vitamine, Mineralien, Entspannungsverfahren und körperliches Training nützlich sein.

Kommunikation lässt sich besonders gut in der Paar-, Familien- oder Gruppentherapie trainieren.

Verbalisierung Ängste treten oft in Bezug zu anderen Menschen auf. Ängstlichen fällt es schwer, sich Anderen offen mitzuteilen. Menschen mit Angst neigen dazu, die Dinge einseitig zu sehen. Sie sind blind für die Ängste Anderer. Dadurch kommt es zu häufigen Missverständnissen, die wieder zu neuen Verunsicherungen führen.

Zielerweiterung „Was werden Sie tun, wenn Sie keine Angst mehr haben?" Diese Frage eröffnet die Sicht auf die Bereiche im Leben eines Patienten, die bisher zu kurz kamen, unterentwickelt und ungenutzt waren. Der Mensch, der die Energie aufbringen soll, seine Angst zu überwinden, braucht eine Vision, für die sich die Anstrengung lohnt. Wo eine solche attraktive Zukunftsperspektive fehlt, können frühere, nie realisierte Pläne oder heimliche Fantasien und Träume weiterhelfen.

Zusammenfassung
Angst hat immer gute Gründe, die allerdings oft verborgen (unbewusst) sind. In der Regel gibt es nicht einen einzigen, alles bestimmenden Grund. Vielmehr ist Angst das Ergebnis vieler Faktoren, die zusammen kommen. Auch die Veranlagung spielt eine Rolle. Manche Menschen sind eben dünnhäutiger als andere. Aber eines sind Menschen mit Ängsten auf jeden Fall nicht: verrückt.

Bericht eines 52-jährigen Chemikers mit Ängsten, Depressionen und Zwängen (nach der fünften Therapiesitzung).

Die positiven Aspekte meiner Angst:

Angst befreit von Hochmut
... macht toleranter und duldsamer gegen Andere und sich selbst
... lässt einen die kleinen Freuden des Lebens besser erkennen und genießen
... schützt mich vor zu großen Anstrengungen und Überforderungen
... fördert Verständnis für Minderheiten
... mindert den Perfektionsdrang
... schärft den Blick für das Wichtige
... macht ehrlich sich und Anderen gegenüber
... lässt mich die echten Freuden von den falschen besser unterscheiden
... bringt mich dazu, auch einmal an mich selbst zu denken

Was würde ich machen, wenn ich keine krank machende Angst mehr hätte?

Körperlich:

- Ich würde wieder mehr Sport treiben, mich insgesamt körperlich mehr fordern.
- Ich würde versuchen, mir Freude und Bestätigung durch handwerkliche Arbeiten zu schaffen.
- Ich würde Fortbildungskurse belegen, aber nur mit Themen, die mich interessieren.
- Ich würde neue Arbeitsgebiete und Techniken erlernen, was mir zurzeit durch die Angst kaum möglich ist.

Familie und Kontakte:

- Ich würde allein mit meiner Frau eine schöne, romantische Reise machen.
- Ich würde ein großes Ferienhaus mieten und würde mit Freunden und der Großfamilie ein verlängertes Wochenende feiern.
- Ich würde die Verbindungen zu Freunden und Bekannten, die durch die Angst auseinander gegangen sind, wieder auffrischen und pflegen.
- Ich würde Gewissenserforschung betreiben und versuchen, langsam die erfüllbaren Wünsche an das Leben zu verwirklichen.

Weitere Zukunft, Sinn des Lebens, Tod, Gott:

- Ich würde in Zukunft mit absoluter Sicherheit viel bewusster leben, und zwar so, dass, wenn ich einmal gestorben bin, etwas Beständiges von mir zurückbleibt.
- Der Tod hätte dann nicht mehr so sehr den Schrecken, denn es ist bestimmt leichter, nach einem erfüllten, befriedigenden Leben zu sterben als wenn durch die Angst sehr viele, an sich einfache Wünsche unerfüllt bleiben.

Wie Sie Ihre persönlichen Stress-faktoren erkennen

Wenn du eine
hilfreiche Hand brauchst,
so suche sie am Ende
deines eigenen Armes.
(Positive Psychotherapie)

Der Wanderer

In der persischen Mystik wird von einem Wanderer erzählt, der mühselig auf einer scheinbar endlos langen Straße entlangzog. Er war über und über mit Lasten behangen. Ächzend und stöhnend bewegte er sich Schritt für Schritt vorwärts, beklagte sein hartes Schicksal und die Müdigkeit, die ihn quälte. Auf seinem Weg begegnete ihm in der glühenden Mittagshitze ein Bauer, der ihn fragte: „Müder Wanderer, warum belastet du dich mit diesen Felsbrocken?" – „Zu dumm", antwortete der Wanderer, „aber ich hatte sie bisher noch nicht bemerkt." Darauf warf er die Brocken weit weg und fühlte sich viel leichter.

Wiederum kam ihm nach einer langen Wegstrecke ein Bauer entgegen, der sich erkundigte: „Sag, müder Wanderer, warum plagst du dich mit einem halbfaulen Kürbis auf dem Kopf und schleppst an Ketten so schwere Eisengewichte hinter dir her?" Der Wanderer antwortete: „Ich bin froh, dass du mich darauf aufmerksam machst; ich habe nicht gewusst, was ich mir damit antue." Er schüttelte die Ketten ab und zerschmetterte den Kürbis im Straßengraben. Wieder fühlte er sich leichter. Doch je weiter er ging, umso mehr begann er, wieder zu leiden.

Ein Bauer, der vom Feld kam, betrachtete den Wanderer erstaunt: „Guter Mann, du trägst Sand in deinem Rucksack, doch was du in weiter Ferne siehst, ist mehr Sand, als du jemals tragen könntest. Und wie groß ist dein Wasserschlauch - als wolltest du die Wüste Kawir durchwandern. Dabei fließt neben dir ein klarer Fluss, der deinen Weg noch weit begleiten wird." – „Dank dir, Bauer, jetzt merke ich, was ich mit mir herumgeschleppt habe." Mit diesen Worten riss der Wanderer den Wasserschlauch auf, dessen brackiges Wasser auf dem Weg versickerte, und füllte mit dem Sand aus dem Rucksack ein Schlagloch. Er blickte auf sich herab, sah den schweren Mühlstein an seinem Hals und merkte plötzlich, dass der Stein es war, der ihn noch so gebückt gehen ließ. Er band ihn los und warf ihn, so weit er konnte, in den Fluss hinab. Frei von seinen Lasten wanderte er durch die Abendkühle, um eine Herberge zu suchen.

Machen wir, wie es die Geschichte erzählt, uns also unseren Stress selbst? Die Stressforschung hat gezeigt, dass es nicht nur die äußeren Auslöser sind, die uns auf die Dauer krank machen können, sondern auch unser Umgang damit.

Persönliche Stressfaktoren finden

Wenn Sie unter Stress und Überlastung leiden, dann geht es Ihnen sicherlich auch so: Sie sehen immer nur einen ganz kleinen Ausschnitt vom Ganzen, aber nie das Ganze. Daher ist es in einem ersten Schritt notwendig, dass Sie Ihre ganz persönlichen Stressfaktoren so genau wie möglich erfassen und auch Situationen beschreiben, die zu Konflikten führen. Dazu kann Ihnen das Tagebuch dienen, das wir Ihnen auf Seite 24 vorgestellt haben. Damit Sie diese Unterscheidung noch besser vornehmen können, wollen wir Ihnen Anhaltspunkte geben, was denn stressauslösende Ereignisse sein können.

Unterschieden werden in der Forschung so genannte Makro- und Mikrostressoren, die aber jeweils individuell nur für den einzelnen Menschen zutreffend sind.

Forscher haben in Untersuchungen eine ganze Reihe von Stressoren herausgefunden, die eine hohe Stressintensität besitzen. Dabei gilt, dass unerwartete Ereignisse wesentlich stärker stressfördernd sind als vorhersehbare. Daneben ist ausschlaggebend, ob ein Stressor nur einmal wirkt oder länger andauert und somit zu zunehmender Belastung führt. Die Forscher haben diese Stressoren in eine Rangliste gebracht, und den höchsten Stresswert mit 100 angegeben. Daran messen sich die anderen Werte.

Stressor	Stresswert
Tod des Ehegatten	100
Scheidung	73
Trennung	65
Gefängnis	63
Verletzung oder Krankheit	53
Heirat	50
Verlust der Arbeit	47
Versöhnung mit dem Partner	45
Pensionierung	45
Änderung der Schlafgewohnheiten	16
Wegzug der Kinder	15
Ferien	13
Weihnachten	13

Tragen Sie nun in nachstehende Tabelle einmal Ihre eigenen „großen“ Stressfaktoren der letzten Jahre ein. Gehen Sie dabei in Ihren Gedanken ruhig einmal von den letzten fünf Jahren aus, da der Stress aus solchen Lebensereignissen auch über diesen Zeitraum fortwirkt.

Meine persönliche Skala der Stressoren

Datum	Stressor	Stresswert

Von den Makro- zu den Mikrostressoren

Neben den zuvor vorgestellten Makrostressoren gibt es auch noch so genannte Mikrostressoren, also kleine und kleinste Ereignisse, immer wiederkehrende kleine seelische Verletzungen, die zu empfindlichen schwachen Stellen führen und sich schließlich zu durchaus großen Konflikten auswachsen, die dann zu erheblichem Stress und in der Folge zu Überlastung führen.

In einem ersten Schritt gilt es nun, solche Verhaltensbereiche zu sichten und zu einem Inventar zusammenzustellen. Mithilfe dieses Inventars kann man dann beschreiben, wie genau die Konflikte und die eigenen Fähigkeiten beschaffen sind. Diese Bereiche, die in der Positiven Psychotherapie auch „Aktualfähigkeiten" genannt werden, lassen sich in zwei Gruppen einteilen:

- In die leistungsorientierten psychosozialen Normen (sekundäre Fähigkeiten) wie Pünktlichkeit, Ordnung, Sauberkeit, Gehorsam, Höflichkeit, Ehrlichkeit, Treue, Gerechtigkeit, Fleiß/Leistung, Sparsamkeit, Zuverlässigkeit und Genauigkeit sowie
- In die emotional orientierten primären Fähigkeiten wie Liebe, Geduld, Zeit, Vorbild, Vertrauen, Kontakt, Sexualität, Hoffnung, Glaube und Einheit.

Für die weiteren Ausführungen ist diese Unterteilung in primäre und sekundäre Aktualfähigkeiten wichtig: Sie bilden bei jedem Menschen ein eigenes Grundmuster. Es entsteht durch den kulturellen und sozialen Bezugsrahmen, in dem der Mensch aufwächst, wird aber auch geprägt durch die Erziehung, die Familie, die Freunde und Gleichaltrigen. So legt beispielsweise eine Person sehr viel Wert auf Sparsamkeit, Fleiß oder Leistung, der Andere betont die Ordnung, die Pünktlichkeit und den Kontakt, während ein Dritter eher Wert auf Gerechtigkeit, Höflichkeit und Ehrlichkeit legt.

Die Unterteilung in primäre und sekundäre Aktualfähigkeiten ist wichtig, denn sie bilden das Grundgerüst für möglichen Stress beispielsweise in Beziehungen.

Im Zusammenleben der Menschen, etwa zweier Partner, prallen diese sehr verschiedenen Grundmuster aufeinander und können zu heftigen Dissonanzen führen. So wird beispielsweise die „lebendige, persönliche Unordnung" des Einen für den Anderen, dem Ordnung das halbe Leben ist, zu einem fast unüberwindlichen Problem.

Belastungen hinter die Fassade geschaut

Häufig finden sich hinter Klagen, Ängsten, Depressionen, Aggressionen oder Störungen wie Kopfschmerzen und Schlafschwierigkeiten Gründe, die auf Probleme sozialer Art verweisen. Sie können etwa als Folge von Eheschwierigkeiten, Erziehungsproblemen oder Auseinandersetzungen im Beruf auftreten. Der „Stress" oder die „Überlastung" sind dann lediglich die äußeren Anzeichen, hinter denen sich die Konflikte gewissermaßen verstecken. Und hinter diesen Konflikten stehen wiederum eine ganze Reihe an Verhaltensweisen und Einstellungen, die im Laufe der Zeit für den Betroffenen zu Konfliktpotenzialen geworden sind. Das heißt, dass der empfundene Stress, das Gefühl der Überlastung, die Kopfschmerzen eigentlich Hinweise auf dahinter stehende Konflikte bieten. Insofern sind diese „Symptome", auch wenn sie Ihnen Schmerzen und Unwohlsein bereiten, nichts schlechtes, sondern so etwas wie ein Fingerzeig auf das dahinter stehende Problem. Einige Beispiele mögen dies erläutern.

Beispiele

Wenn ich erfahre, dass in der Schule eine Rechenarbeit geschrieben wird, verspüre ich eine innere Unruhe, die so lange anhält, bis meine Tochter Renate (9 Jahre) mit der Zensur nach Hause kommt. Ist die Arbeit gut ausgefallen, löst sich die Unruhe auf. Bei einem schlechten Ergebnis empfinde ich richtige Herzschmerzen (32-jährige Mutter von drei Kindern mit Herzbeschwerden und Kreislaufstörungen).

Ich musste meine letzte Arbeitsstelle aufgeben, obwohl ich sehr gerne dort gearbeitet habe... weil ich einige wichtige Aufträge nicht richtig durchgeführt hatte... ich war für meinen Chef nicht ordentlich genug. Er regte sich immer über das Chaos auf meinem Schreibtisch auf... ich kam häufig deutlich zu spät zur Arbeit... (27-jährige Sekretärin mit Depressionen und Kreislaufbeschwerden).

Für meinen Mann ist Ordnung und Pünktlichkeit ein Buch mit sieben Siegeln. Ich muss immer lange auf ihn warten, weil er mir nie sagt, wann er nach Hause kommt. Er lässt auch alle seine Sachen einfach so herumliegen. Mich regt das furchtbar auf (28-jährige Patientin mit starken Kopfschmerzen, Depressionen und Sexualstörungen).

Bleiben wir bei den Verhaltenweisen und den Einstellungen, die in der Folge zu Konflikten führen. Die folgenden beiden Tabellen geben Ihnen einen Überblick über die sekundären und primären Aktualfähigkeiten, die im Rahmen der Positiven Psychotherapie ermittelt worden sind. Hier finden Sie auch gegenübergestellt die jeweiligen negativen Ausprägungen dieser Fähigkeiten. In der dritten Spalte können Sie erkennen, welche psychologischen und körperlichen Störungen mit Verletzungen dieser Aktualfähigkeiten einhergehen.

Übersicht über sekundäre Aktualfähigkeiten

Aktualfähigkeiten	Negativformen	Mögliche seelische und körperliche Störungen
Pünktlichkeit	Pünktlichkeitswahn Unpünktlichkeit	Erwartungsangst, Vertrauensbruch, Zeitdruck, Aggressionen, Konzentrationsschwäche, Magen-Darm-Störungen, Ehe-, Schul- und Berufsprobleme
Sauberkeit	Überempfindlichkeit Unsauberkeit Unreinlichkeit	Waschzwang, Bakterienangst, Aggression, Einnässen, Vertrauensbruch, Sexualstörungen, Angst, Ekzeme, Allergien, Kontaktstörungen, Ehe-, Schul- und Berufsprobleme
Ordnung	Pedanterie Unordnung Schlampigkeit	Kontrollzwang, Unachtsamkeit, Angst, Schuldgefühle, Aggressionen, Vertrauensbruch, Kopfweh, Ehe-, Schul- und Berufsschwierigkeiten
Gehorsam	Überstrenge Ungehorsam	blinde Autoritätsgläubigkeit, körperliche Strafen, Angst, Aggression, Trotz, Misshandlungen, Anpassungsprobleme im Beruf und Alltag, Nägelkauen, Bettnässen, Ehekonflikte

Höflichkeit	Superhöflichkeit Unhöflichkeit	Unfähigkeit, Nein zu sagen, Egoismus, Taktlosigkeit, Kopfweh, Magen-Darm-Störungen, Herzbeschwerden, Neigung zu Alkoholismus
Ehrlichkeit	Ehrlichkeits-fanatismus Unehrlichkeit Fantasiewahn	Geltungsdrang, Eitelkeit, Untreue, soziale Konflikte, Flunkerei, Angst, Aggressionen, Eheprobleme, Berufsprobleme, Kopfschmerzen, Herz- und Kreislaufbeschwerden
Gerechtigkeit	Gerechtigkeitswahn Ungerechtigkeit	Selbstgerechtigkeit, Überempfindlichkeit, Depressionen, Vergeltungssucht, Gefühl der Schwäche, Aggression als Einzelner oder in der Gruppe
Fleiß/Leistung	Workaholic Faulheit	Flucht in die Arbeit, Überforderung, Angst vor Versagen, Aussteigen, Flucht in die Einsamkeit oder Krankheit, Herz- und Magen-Störungen, Kopfweh, Neigung zu Missbrauch von Alkohol, Drogen
Sparsamkeit	Geiz Geltungssucht Verschwendung	Selbstüberschätzung, Hochstapelei, Schuldgefühle, Verantwortungslosigkeit, Lebensangst, Depressionen, Unruhe, Ratlosigkeit, Partnerprobleme

Übersicht über primäre Aktualfähigkeiten

Aktualfähigkeiten	Negativformen	Mögliche seelische und körperliche Störungen
Zuverlässigkeit Genauigkeit Gewissenhaftigkeit	Perfektionismus Unzuverlässigkeit Oberflächlichkeit	Angst vor dem Versagen, Pingeligkeitswahn, Vertrauensbruch, innere Unsicherheit, Überforderung, Depressionen, Schuldgefühle, Schlaflosigkeit, Ehe-, Schul- und Berufsprobleme

Liebe	Überhöhte Erwartungen, Abneigung, Hass	Emotionale Abhängigkeit, Eifersucht, Trennungsangst, Sexismus, Bindungsangst, Flucht in die Krankheit, Selbstvorwürfe, Ersatzbefriedigung, Gefühlskälte, Sexualabwehr, Ehescheidung, Kopfschmerzen, Darmstörungen, Herzprobleme
Geduld	Eselsgeduld Ungeduld	Fehlende Konsequenz z. B. bei der Erziehung, Ausgenutzt werden, Überempfindlichkeit, Launen, Egoismus, nicht Zuhören können, Rücksichtslosigkeit, Angst
Zeit	Immer Zeit haben oder sich nehmen Nie Zeit haben	Überforderung, Unterforderung, Angst vor dem Alleinsein, nicht Neinsagen können, Egoismus, Flucht aus dem Haus oder in die Geselligkeit, Flucht vor der Verantwortung
Vertrauen	Blindes Vertrauen Misstrauen Hoffnungslosigkeit	Angst vor der Enttäuschung oder Niederlage, Eifersucht, Hass, Neid, Misserfolgserwartung, Minderwertigkeitsgefühle, Resignation, Überforderung
Kontakt	Umgangsnudel Kontaktscheue	Oberflächlichkeit, fehlende echte Bindung, hektische Umtriebigkeit, Enttäuschungen, Einsamkeit, Angst, Unsicherheit
Glaube, Religion	Religionsfanatismus (Fundamentalismus) Aberglaube Atheismus	Bigotterie, maßlose Überheblichkeit, Intoleranz, Flucht in Äußerlichkeiten der Religion, Flucht in Okkultismus und lebensfremde Praktiken oder in eine Ersatzreligion, Sündenangst, Verlassenheitsgefühl, Misstrauen, Traurigkeit, Leistungsabfall, Aggressionen, Reizbarkeit, Depressionen, Gefühl der Sinnlosigkeit und Leere

Nehmen Sie sich diese Tabelle vor und orientieren Sie sich an ihr. Schauen Sie doch in der dritten Spalte der psychologischen und körperlichen Anzeichen nach, unter welchen Überlastungsreaktionen Sie leiden. Sie können von dort aus dann in der Spalte direkt die entsprechende Aktualfähigkeit ablesen. Das bietet für die Bewältigung von Stress, Überlastung, Konflikten, Krankheiten, Erschöpfung und Sinnlosigkeit eine ganze Reihe an Vorteilen. Sie betrachten alle diese teilweise schmerzhaften Reaktionen als Hinweise auf einen dahinter stehenden Konflikt mit einer Aktualfähigkeit. Und damit sind diese Belastungen wie beispielsweise Ihre Kopfschmerzen ein wichtiges, positives Element, das Ihnen zeigt, dass es einen dahinter stehenden Konflikt gibt, und wie dieser beschaffen sein könnte.

Wer etwas haben will, muss auch etwas geben
Martin Luther

Nehmen Sie jetzt doch einmal Ihr Tagebuch zu Hand und gehen Sie die Einträge der letzten Wochen durch. Wo finden sich Hinweise auf psychische oder körperliche Reaktionen in Stresssituationen? Wie sehen diese genau aus? Vergleichen Sie Ihre Reaktionen aus dem Tagebuch mit der oben stehenden Tabelle. Suchen Sie nach Hinweisen, welche Aktualfähigkeit bei Ihnen betroffen sein könnte. Vielleicht finden Sie dann auch die negativen Ausprägungen der Aktualfähigkeit bei sich.

Beispiel:

Eine Frau, die regelmäßig abends schwere Angstanfälle erleidet (die körperliche Störung), wenn Ihr Partner zu spät nach Hause kommt (die Bedingung) zeigt nicht nur Angst vor dem Alleinsein, was auf die Aktualfähigkeit „Kontakt“ hindeuten würde, sondern ist mit ihrer Angst auch an die Aktualfähigkeit „Pünktlichkeit“ gebunden.

Konzepte sind Steuermänner des Verhaltens

Das auf die Aktualfähigkeiten „Sparsamkeit“ und „Fleiß-Leistung“ bezogene Konzept „Sparst du was, dann hast du was – hast du was, dann bist du was“, das beispielsweise ein Mensch vertritt, hat Einfluss auf sein Erleben und viele seiner Handlungen: auf das Verhältnis zum eigenen Körper, zum Essen, zum Lustgewinn, zur Bedürfnisbefriedigung, zum Beruf, zum Partner, zu den zwischenmenschlichen Beziehungen, zur Fantasie, Kreativität und schließlich zur eigenen Zukunft. Mit anderen Konzepten verbunden, kann dieses Konzept in weitem Ausmaß die individuellen Möglichkeiten bestimmen: „Gäste einladen ist für mich rausgeschmissenes Geld. Was allein zählt, ist der berufliche Erfolg“; „Ich brauche meine Mitmenschen nur dafür, um meine Interessen durchzusetzen“; „Gefühlsduselei ist Quatsch, Märchen sind Kinderkram“.

Denken ohne Erfahrung ist leer, Erfahrung ohne Denken ist blind.
Immanuel Kant

In dieser Form verknüpfen sich die Konzepte eng mit den Gefühlen und können so im Falle eines Konfliktes zum Auslöser von Aggressionen und Ängsten werden.

Wenn Sie Ihre Aussagen oder die des Partners genauer betrachten, dann werden Sie feststellen, dass in ihnen gewisse Verhaltensbereiche immer wiederkehren: Ordnung, Sauberkeit, Gehorsam, Höflichkeit, Ehrlichkeit, Pünktlichkeit, Fleiß, Sparsamkeit usw.

Wir gebrauchen diese und ähnliche Begriffe, um unsere Sympathie und Antipathie, unsere Zufriedenheit und Ablehnung zum Ausdruck zu bringen. Wir benötigen sie, wenn wir uns ärgern oder freuen. Sie sind der Gegenstand vieler, oft unausgesprochener Wünsche unserem Partner gegenüber. Welche Bedeutung ihnen beigemessen wird, hängt von den individuellen und kollektiven Bezugssystemen ab. Während für die eine Bezugsperson dem Fleiß besonders Gewicht zukommt, legt die andere auf Ordnung, Pünktlichkeit, Höflichkeit, Ehrlichkeit und Sparsamkeit mehr Wert. Jeder der genannten Begriffe kann in einer breiten Stimmungsskala verwendet werden: Wohlwollend auffordernd, inständig bittend, verärgert oder verzweifelt.

Bei einer Dimap-Erhebung wurden 1998 folgende Eigenschaften in Deutschland für wichtig erachtet:
Zuverlässigkeit 99 %
Toleranz 97 %
Höflichkeit 95 %
Ehrlichkeit 98 %
Durchsetzungsfähigkeit 92 %
Unabhängigkeit 88 %
Kreativität 86 %
Ehrgeiz 81 %
Hingabe 74 %
Schönheit 35 %

Soziale Konflikte, also auch Erziehungskonflikte und Probleme der partnerschaftlichen und beruflichen Beziehungen, gehen zum wesentlichen Teil auf unterschiedliche Einstellungen zu den sozialen Verhaltensnormen zurück. Hier sind einige Beispiele für Konfliktsituationen, die auf dahinter liegende Aktualfähigkeiten verweisen.

„Nachmittags trinke ich immer gerne Tee und esse ein Stück Kuchen dazu. Bei uns versammelt sich die ganze Familie, meine Nichten und Neffen, meine Schwägerin, auch heute noch. Mein Freund kennt das aus Frankreich nicht und er mag es nicht, am Nachmittag Kaffee zu trinken und Kuchen zu essen. Wir geraten in letzter Zeit darüber oft in Streit. Ich finde es schade, weil es die Gemütlichkeit stört."

Konfliktbereiche: Ordnung und Zeit

„Wenn mein Freund die Wäsche aufhängt, hängt er immer mehrere Sachen an eine Klammer. Mich regt das auf, weil ich sehe, wie die Wäsche dann immer knittert und nur ganz langsam trocknet."

Konfliktbereiche: Sauberkeit und Ordnung

Beispiel für die praktische Anwendung

Anhand eines umfangreichen Tagebuches können Sie sich im Folgenden ein Bild davon machen, wie auch Sie Ihre eigenen Stressfaktoren erkennen können. Das Beispiel schildert einen 36-jährigen Manager mit psychischen und psychosomatischen Beschwerden wie Überlastung, Erschöpfung und innerer Unruhe.

Regelmäßig Tagebuch zu führen ist auch für Sie ein wichtiger Bestandteil der Selbstbehandlung bei Erschöpfung und Überlastung.

Ein beispielhafter Tagesablauf

06.00 Uhr: Aufwachen – Unsere Tochter (jetzt auch Sohn) wird um diese Zeit wach und wir kuscheln noch zusammen. Ich möchte allerdings am liebsten meine Ruhe haben und die Zeitung lesen. Besonders ärgert es mich, wenn meine Tochter nicht gehorsam ist.

06.30 Uhr: Aufstehen - Ich gehe in der Regel als Erster ins Badezimmer. Dort habe ich dann meine Ruhe. Ich genieße diese Zeit und dusche in der Regel relativ lange. Danach ziehe ich meinen Anzug an. Mich ärgert es, wenn ich nicht alles sofort finde, entweder weil es noch nicht aufgeräumt ist, oder noch in der Waschmaschine liegt.

07.00 Uhr: Meine Frau und ich wechseln uns ab beim Frühstückmachen. Bin ich an der Reihe, dann kommt meine Tochter manchmal und stört mich dabei. Sie nimmt schon was aus dem Teller oder macht Unordnung in der Küche. Hört auch nicht auf entsprechende Zurechtweisung. Das kann mich morgens dann schon auf die Palme bringen.

07.15 Uhr: Gemeinsames Frühstück – Wir besprechen die wichtigsten Punkte des Tages, wobei ich noch nicht so richtig offen bin dafür, möchte lieber noch meine Ruhe oder die Zeitung lesen. Unsere Tochter kleckert oft mit dem Essen, was mich manchmal ziemlich anekelt. Meistes macht sie das, wenn sie zu wenig Aufmerksamkeit bekommt oder Spannungen zwischen mir und meiner Frau sind.

07.30/ 08.00 Uhr: Ich fahre ins Büro. Wenn es nicht schnell genug geht, rege ich mich auf. Hier habe ich Zeit für mich und denke oft über mein Leben und die Zukunft nach. Manchmal kann ich auch den herrlichen Ausblick und die Landschaft genießen.

08.30/ 09.00 Uhr: Im Büro schließe ich zuerst meinen Laptop ans Netzwerk an und logge mich ein. Dann hole ich mir eine Flasche Wasser und einen Espresso. Dann höre ich die Mailbox-Nachrichten ab und beantworte sie, genauso meine E-Mails. Das finde ich ziemlich effektiv und die Zeit gut ausgenutzt.

Meistens plane ich den Tagesablauf. Allerdings schiebe ich dann manchmal zwar wichtige Themen hinaus, wenn ich keine Lust dazu habe.

Während der Arbeit unterhalte ich mich zwischendurch mit meinen Mitarbeitern oder den Sekretärinnen (Sekretärinnenpool) und albere auch mit ihnen rum.

12.30 Uhr: Mittagessen – Ich nehme mir meistens die Zeit, da mir das Mittagessen und die Pause wichtig sind. Ich unterhalte mich gerne mit meinen Projektmitarbeitern über berufliches und privates. Oft erzähle ich auch von mir zuhause.

13.30 Uhr: Arbeit

17.30 Uhr: Heimfahrt – Ich ärgere mich oft wegen des Verkehrs, gerade dann, wenn ich früh nach Hause kommen könnte, um meine Tochter noch zu sehen.

18.15/ 21.30 Uhr: Ankunft – Ich freue mich darauf meine Familie zu sehen. Bin allerdings oft auch müde und zu nichts mehr zu gebrauchen. Ich versuche noch mit meiner Tochter zu spielen oder einfach mich mit ihr zu beschäftigen. Bin aber oft genervt, wenn sie mich ärgert oder absichtlich nicht auf mich hört.

Beim Abendessen ist unsere Tochter sehr aufgedreht und manscht ziemlich rum, was mich manchmal zum Ausrasten bringt.

Wenn ich sie bettfertig mache und zu Bett bringe, wehrt sie sich meist, was mich dann zur Weißglut treibt. Hier raste ich dann öfters aus und schimpfe laut mit ihr, oder halte sie mit Gewalt fest, um z. B. ihren Schlafanzug anzuziehen oder ihre Zähne zu putzen. Je nach dem wie sie sich benommen hat, lese ich ihr keine oder mehre Geschichten vor. Die Androhung hilft auch meistens, dass sie nur Geschichten zu hören bekommt, wenn sie sich schön anziehen oder die Zähne putzen lässt.

Wenn ich unsere Tochter zu Bett gebracht habe, bin ich dann richtig abgekämpft.

Meine Frau ist meistens in der Küche oder räumt noch auf. Danach trinken wir einen Cappuccino und unterhalten uns oder kuscheln zusammen. Meistens schlafen wir dann auf dem Sofa ein.

23.30 Uhr: Schlafen gehen – häufiges Aufwachen, Kopfzerbrechen wie der nächste Tag verläuft.

Das Beispiel dieser Tagebuchaufzeichnung zeigt, dass die Zeitgestaltung über den Tag hinweg unmittelbar eine Reihe von Konfliktbereichen beeinflusst. Warum bin ich immer pünktlich? Warum nervt mich das Warten auf meinen Partner? Warum beschäftige ich mich wenig mit mir und meiner Familie? Warum habe ich Schwierigkeiten mit meinen Kindern? Warum fühlt sich meine Frau vernachlässigt?

Während der Ist-Wert des Tagebuches meist recht eingefahrene Problemlösungsschemata beschreibt, gibt der beschreibende Zeitplan die Verhaltensmuster hinsichtlich der Zeit wieder. Nun lassen sich gewissermaßen als Soll-Wert für einzelne Punkte des Tagesplans Alternativprogramme aufstellen. Und auch die Kontrolle des Tagesplans kann in einer Art Selbstkontrolle erfolgen.

Man vergleicht dabei das, was man tun und erreichen wollte mit dem, was man tun und erreichen konnte. Diese Rückkopplung ermöglicht eine Korrektur des Plans bzw. des Verhaltens.

Wie der Tagesplan, so kann auch der Wochenplan aufgestellt werden – er ist in der Regel großzügiger gestaltet als der Tagesplan und sieht für die einzelnen Tage die Aufgaben und Beschäftigungsbereiche vor, die von uns gefordert werden bzw. die Sie selbst gerne durchführen wollen.

Zu Ihrer eigenen Kontrolle können Sie sich einen solchen Tages- und Wochenplan aufstellen. Für die einzelnen Tage sieht er die Aufgaben und Beschäftigungen vor, die von ihnen gefordert werden bzw. die Sie selbst gern wahrnehmen.

Auswertung des Tagebuchs

Nimmt man das Tagebuch des Managers unter die Lupe und wertet es nach den Bereichen dauerhafter emotionaler Belastung aus, so zeigten sich die Aktualfähigkeiten Pünktlichkeit, Sauberkeit, Ordnung, Gehorsam, Sparsamkeit, Fleiß/Leistung, Geduld, Zeit, Kontakt, Sex/Sexualität und Glaube/Religion als Konfliktpotenziale.

Hier ein Beispiel dafür, wie das Thema „Pünktlichkeit" mit dem Manager aufgearbeitet wurde: Zunächst wurde die Pünktlichkeit definiert, und zwar als die Fähigkeit, eine erwartete oder vereinbarte Zeiteinteilung einzuhalten. Die aktive Pünktlichkeit (man ist selbst pünktlich) und die passive Pünktlichkeit (Anpassung an vorgegebene Zeiteinteilung, erwarten, dass sich die Anderen pünktlich verhalten). Als Situationen, in denen Pünktlichkeit eine Rolle spielt, kann sein häufiges zu spät kommen im Büro ebenso genannt werden wie das lange Warten auf das Abendessen.

Aussagen zur Aktualfähigkeit Pünktlichkeit:
Ich fütterte mein Kind auf die Minute genau alle vier Stunden.

Ich hänge wie ein Sklave an der Uhrzeit.

Wir kennen keine Verspätungen (Bahn).

Halten Sie bitte die Zeit mit Rücksicht auf die nachfolgenden Patienten ein und sagen Sie im Verhinderungsfall rechtzeitig ab.

So fragen Sie nach der Aktualfähigkeit Pünktlichkeit:

- Wer von Ihnen (Sie oder Ihr Partner) legt mehr Wert auf Pünktlichkeit?
- Haben oder hatten Sie Schwierigkeiten wegen Unpünktlichkeit (mit wem)?
- Wie reagieren Sie, wenn jemand nicht zur vereinbarten Zeit kommt?

- ❍ Nehmen Sie oder Ihr Partner immer alles auf eine Minute genau?
- ❍ Wer von Ihren Eltern (Großeltern) legte mehr Wert auf Pünktlichkeit und genaue Zeitplanung?

Klug ist jeder.
Der eine vorher,
der andere nachher.

Synonyme und Störungen: Promptheit, Rechtzeitigkeit, Präzision, Verspätung, Aufschub, Manjana, akademisches Viertel, 5 Minuten vor 12, Erwartungsangst, Zeitdruck, ständige Furcht vor dem Nichtfertig-Werden, Unzuverlässigkeit, Stress, innere Unruhe.

Wie können Sie Ihr Verhalten ändern: Geben Sie keine Termine mehr ohne einen Terminkalender. Sagen Sie immer ehrlich, wenn Sie keine Zeit haben, denn das ist besser, als ihn warten zu lassen. Wenn jemand zu spät kommt, ist das mitunter noch besser als wenn er gar nicht gekommen wäre. Motto: Schön, dass du trotzdem gekommen bist.

Ergebnis: Für den Manager war vor allem das entscheidende Erlebnis, von der Vorstellung abzurücken, dass er und seine Partnerin nicht zusammenpassten und die Erfahrung zu machen, auf welchen Problemen des täglichen Lebens unsere Spannungen, Unruhen, Aggressionen, Depressionen und Erschöpfungen beruhen.

Schätzen Sie Ihren Stress richtig ein

Ohne Begeisterung ist noch nie etwas Großes geschaffen worden.
Ralph W. Emerson

Wenn Sie Stress erleben, kann das – wie beschrieben – auf bestimmte Grundkonflikte oder auch immer wiederkehrende Themen zurückzuführen sein. Fragen, die Sie sich dazu selbst stellen und auch beantworten können, sind hier aufgelistet. Es gibt keine bestimmte Reihenfolge, Sie können also einfach loslegen. Vielleicht schreiben Sie Ihre Antworten auch in Ihr Tagebuch, sodass Sie alle wichtigen Informationen zusammenstellen.

Hintergrundfragen zu Ihrem persönlichen Stresserleben

- ❍ Wie wichtig waren/sind für Ihre Eltern Ihre schulischen/beruflichen Leistungen? sehr wichtig
- ❍ Wie haben Ihre Eltern reagiert, wenn Sie mit schlechten Noten nach Hause kamen? Falls Sie bestraft wurden, wie?

Moralpredigt

- ❍ Waren Ihre Eltern leistungsorientiert?
- ❍ Ihrem Empfinden und Ihrer Wahrnehmung nach, war die Liebe Ihrer Eltern Ihnen gegenüber bedingt oder bedingungslos, d.h. wurden Sie geliebt, weil Sie einfach da waren oder weil Sie etwas geleistet oder sich entsprechend verhalten hatten? Falls bedingt, welche Leistungen bzw. Handlungen mussten Sie erbringen, um Liebe zu erhalten?
- ❍ Fällt es Ihnen schwer, Nein zu sagen?
- ❍ Wie fühlen Sie sich, wenn Sie Anderen eine Bitte abschlagen?
- ❍ Haben Sie den Anspruch, ein Perfektionist zu sein?
- ❍ Haben Sie Schuldgefühle, wenn Sie nicht alles erledigen/bearbeiten können?
- ❍ Ist es Ihnen wichtig, „von allen geliebt" zu werden?
- ❍ Wollen Sie alle und jeden „glücklich" machen?
- ❍ War/ist Höflichkeit wichtig für Ihre Eltern?
- ❍ Kennen Sie von zuhause her das Konzept „was sagen die Leute"?
- ❍ Können Sie Komplimente annehmen oder versuchen Sie immer, diese rasch zu relativieren?
- ❍ Wie lange (mit konkreter Zeitangabe) können Sie sich an einem persönlichen Erfolg erfreuen (ihn genießen)? Denken Sie rasch an die nächste zu erledigende Aufgabe?
- ❍ Fällt es Ihnen schwer, Grenzen zu setzen?
- ❍ Wollen Sie häufig alles unter Ihrer Kontrolle haben oder können Sie auch mal loslassen, delegieren, Andere machen lassen, ohne diese ständig zu kontrollieren oder zu kritisieren?
- ❍ Ihrer Empfindung nach, waren Sie ein Wunschkind Ihrer Eltern?
- ❍ Haben Sie das erwünschte Geschlecht oder haben Ihre Eltern „jemand anderen" erwartet?
- ❍ Hatten die Eltern für Sie in Ihrer Kindheit Zeit oder mussten Sie vieles mit sich selbst ausmachen?

- ❍ Waren/sind Ihre Eltern Vorbilder für Sie? In welchen Bereichen? ja
- ❍ Erlauben Sie sich manchmal, auf sich selbst stolz zu sein? Dürfen Sie sich selbst loben? ja, ich lerne es
- ❍ Haben Ihre Eltern öfters Gäste und Freunde nach Haus eingeladen? Standen diese Gäste in Zusammenhang mit dem Beruf der Eltern (Arbeitskollegen etc.)? selden
- ❍ Von welchem der „Vier Bereiche" (Körper, Leistung, Kontakte, Sinn/Zukunft) hängt Ihr Selbstwertgefühl am meisten ab? Probleme welchen Lebensbereiches haben auf Sie den größten Einfluss? Leistung / Sinn
- ❍ Gibt es Aufgaben/Herausforderungen, die für Sie zu schwer oder unlösbar sind? Können Sie auch mal sagen: „Das kann ich nicht"? ja

Positiv mit Stress umgehen

Um Stress im Alltag postiv zu bewältigen, setzt die Positive Psychotherapie auf drei wesentliche Prinzipien: Hoffnung, Balance und Beratung.

Der weiße Elefant

Jede dunkle Nacht hat ein helles Ende
Nizami, Persischer Dichter

Ein orientalischer König schenkte einem Kalifen einen weißen Elefanten. Der Kalif war hoch erfreut über dieses wunderbare Geschenk und sah täglich nach dem Elefanten. Eines Tages dachte er, wie schön es doch wäre, wenn der Elefant das Sprechen lernen würde, dann könnte er sich auch mit ihm unterhalten. Er rief alle Wesire seines Hofes zusammen und fragte sie: „Wer von euch kann dem Elefanten das Sprechen beibringen?" Die Wesire schauten sich an und schüttelten die Köpfe, einer nach dem anderen, und murmelten vor sich hin, wer je schon so etwas erlebt habe, dass ein Elefant das Sprechen lernen könne. Ein junger Wesir trat jedoch vor den Kalifen und sprach: „Ich will dem Elefanten das Sprechen beibringen, gebt mir dazu 2 Jahre Zeit." Der Kalif war über diese Antwort sehr glücklich und belohnte den Wesir reich. Die Anderen jedoch fragten ihn: „Wie kannst du nur so etwas Dummes machen? Jedermann weiß doch, dass Elefanten nicht sprechen können!" „Ja, das ist richtig", antwortete der junge Wesir, „doch warum sollte ich dem Kalifen nicht den Gefallen tun? Ich habe mir 2 Jahre Zeit auserbeten. Wer weiß, was in dieser Zeit alles geschieht! Der Elefant kann sterben. Der Tod kann den Teppich des Lebens unseres erhabenen Kalifen zusammenrollen und wegtragen – das Gleiche kann auch mir geschehen."

Das Prinzip der Hoffnung

Lernen Sie zu unterscheiden zwischen dem, was man ändern kann, und dem, was man ertragen lernen muss (Geburt, Tod, Vergangenheit).

Nachdem Sie sich in den vorherigen Kapiteln ausführlich mit den Auswirkungen von Stress und individuellen Stress auslösenden Bedingungen beschäftigt haben ist es nun an der Zeit, dass Sie auch Strategien an die Hand bekommen, wie der Stress langfristig in den Griff zu bekommen ist. Dafür greifen wir wieder auf Ihr Tagebuch zurück. Schon im vorletzten Kapitel haben Sie ja Ihre Einträge nach möglichen „Stressoren" aufgearbeitet. Im letzten Kapitel haben Sie den Schritt vom Stress hin zu den Aktualfähigkeiten vollzogen und nun wissen Sie um die Konfliktbereiche, in denen Stress und damit Überlastung entstehen kann. Damit Sie Ihren Stress auf Dauer positiv bewältigen können, bedarf es ganz grundlegend dreier Prinzipien, die hier vorgestellt werden: Hoffnung, Balance und Beratung.

Strategien beim Umgang mit Stress

> Amerikanische Wissenschaftler hatten mit Ratten einen interessanten Versuch durchgeführt. Sie teilten die Tiere in zwei gleiche Gruppen, die in einen mit Wasser gefüllten Glaszylinder geworfen wurden. Bei der einen Gruppe gab es aus dem Glaszylinder kein Entrinnen. Die Tiere schwammen in großer Erregung etliche Minuten, dann sanken sie ab und ertranken. Es war jedoch nicht davon auszugehen, dass ihre körperliche Kraft schon erschöpft war. Bei der zweiten Tiergruppe legte der Wissenschaftler einen Stock in den Zylinder, über den sich die Tiere retten konnten. Wurde nun ein Tier, das diese Erfahrung gewonnen hatte, erneut in die Situation der Ausweglosigkeit der ersten Gruppe zurückversetzt, schwamm es bis zu 80 Stunden lang – bis zur völligen Erschöpfung. Die Ratten der zweiten Gruppe hatten lediglich die Erfahrung gemacht, dass es einen Ausweg geben kann. Diese „Hoffnung" ermöglichte es ihnen, bis zur vollkommenen Erschöpfung über 80 Stunden zu schwimmen – im Gegensatz zu den „hoffnungslosen" Ratten, die nach großer innerer Erregung und Angst bald starben.

Obwohl dieser Versuch nicht lückenlos auf den Menschen zu übertragen ist, stellt er doch die umfassende Bedeutung einer Zukunftsperspektive heraus. So wissen beispielsweise Chirurgen, wie wichtig der seelische Zustand, die Einstellung zur Operation und die Einstellung zum Leben für den tatsächlichen Operationserfolg sind. Wie der Mensch mit einer Krankheit umgeht, wird von dem Verhältnis zur eigenen Zukunft mitbestimmt: Wenn das Leben scheinbar keinen Sinn mehr hat, wenn „kein Stock in den Glaszylinder" des Erlebens einem Kranken hingereicht wird, über den er entkommen kann, können selbst harmlose Erkrankungen größten Leidensdruck entfalten und über die dadurch ausgelöste innere Erregung oder Apathie können erneut Krisen im Krankheitsverlauf entstehen.

Erwarte ich bloß, dass meine Hoffnung in Erfüllung geht, oder tue ich etwas dafür?

Die Forscher haben für den Zustand eines Menschen, der einfach keinen Weg aus der Krise sieht, den Begriff „erlernte Hilflosigkeit" geprägt – ein in der Stressforschung wichtiger Terminus, denn das Gefühl, die eigene Situation irgendwie beeinflussen zu können, sie gestalten zu können, hat einen wesentlichen Einfluss auf das eigene Erleben und die Gesundheit.

So haben Untersuchungen an Managern und Untergebenen großer Unternehmen Überraschendes gezeigt: Obwohl die Manager deutlich mehr „Stressoren“ ausgesetzt waren, zeigten sie geringere Krankheitsraten, weil sie mehr Freiheitsgrade hatten, mit diesen stressenden Situationen umzugehen und diese zu beeinflussen. Die Untergebenen litten dagegen häufig daran, dass sie auf die Bedingungen, unter denen sie zu arbeiten hatten, überhaupt keinen Einfluss nehmen konnten – in der Folge stieg der Krankenstand deutlich an.

Weil du mich nicht liebst, gehe ich in den Tod

Eine 46-jährige Frau wurde in einem Waldgrundstück gefunden – schon über eine längere Zeit hinweg hatte sie dort bewusstlos gelegen – ,neben ihr eine Flasche Cognac und mehrere Röhrchen Schlaftabletten. Ihre Augen waren dem Ameisenfraß zum Opfer gefallen. Die Frau konnte ärztlich wiederbelebt und behandelt werden. Im ersten Gespräch äußerte sie, dass sie in den Tod gehen wollte, weil ihr Freund sie verlassen habe. Das Leben hätte für sie doch keinen Sinn mehr und der Freund sollte sich ewig Gewissensbisse machen ...

Wenn also die Frage nach dem Sinn des Todes oder des Leides in einem bestimmten Moment nicht beantwortet werden kann und die Situation ausweglos erscheint, bedeutet dies nicht, dass dies zu allen Zeiten so gewesen ist oder so sein muss. So konnte etwa die Frau aus dem vorherigen Beispiel nach einiger Zeit nicht mehr begreifen, warum sie überhaupt zu den Tabletten gegriffen hatte. Daher sollten Sie sich, wenn Sie das Gefühl der Ausweglosigkeit verspüren, fragen, ob nicht ein ähnliches Ereignis – von einem anderen Standpunkt aus betrachtet oder/und zu einer anderen Zeit – für Sie nicht eine gänzlich andere Bedeutung haben könnte. Hoffnungslosigkeit bedeutet in diesem Sinn, dass die Dimension der Zeit auf einen einzigen Punkt hin zusammengeschmolzen ist, auf den sich das Erleben eines Menschen fixiert.

Auch die schwärzeste Hoffnungslosigkeit hat ihre Ursachen, zumeist in den Erfahrungen mit einzelnen Aktualfähigkeiten. Motto: Welche sind die realen Wurzeln der Hoffnungslosigkeit?

Die Entwicklung von Hoffnung und Hoffnungslosigkeit

Ob und wie sich bei einem Menschen Hoffnung entwickelt, hängt davon ab, welche Erfahrungen er machte und welche Erlebnisse er hatte. Wurde ihm nur selten oder nie gezeigt, dass für jede Schwierigkeit eine Lösung besteht, wird er zur Hoffnungslosigkeit neigen.

> Hinsichlich meiner beruflichen Ziele bin ich ganz zuversichtlich. Ob ich dagegen einmal die Frau finde, der ich vertrauen kann, das halte ich für fast unmöglich (38-jähriger Geschäftsmann mit Kontaktstörungen).

Hoffnungslosigkeit kann aber auch aus einer undifferenzierten Einstellung gegenüber der Zukunft resultieren. Dies ist dann der Fall, wenn die Hoffnung auf wenige Lebensbereiche beschränkt ist, andere Lebensbereiche dagegen immer negativ besetzt werden. Menschen mit solchen Einstellungen neigen zu Enttäuschungen, Fluchtreaktionen und werden in ihrer Hoffnungslosigkeit bestärkt.

Alltagsweisheiten und Störungen zur Hoffnung:
Hoffen, auf etwas rechnen, sich etwas versprechen, verheißungsvoll, erwarten, in Aussicht stellen, sich an einen Strohhalm klammern, alles rosarot sehen, schwarzsehen, sinnlos, aussichtslos, unerreichbar, unlösbar, unmöglich, Hoffnungslosigkeit, Unzufriedenheit, Pessimismus, Resignation, Flucht in die Fantasie, passive Erwartungshaltung, naiver Optimismus, Lebensangst, Todesangst, Blockierung der Handlungsfähigkeit, Selbstmordabsichten

Was ist Hoffnung und wie entwickelt sie sich?
Hoffnung ist die Fähigkeit, über den gegenwärtigen Moment hinaus positive Beziehungen zu den eigenen Fähigkeiten, zu denen des Partners und der Gesellschaft zu entwickeln. Wir hoffen in diesem Sinn, dass morgen, im nächsten Jahr oder zu unbestimmter Zeit etwas geschieht, das uns einzelne Handlungen oder unser ganzes Leben sinnvoll erscheinen lässt.

In ihrer Entwicklung hängt die Hoffnung von den Erfahrungen und Erlebnissen ab, die ein Mensch hatte, und von den Möglichkeiten, die ihm durch seine Umwelt in Aussicht gestellt wurden. Hoffnung als Beziehung zur Zukunft wird kontrolliert durch positive Erfahrungen und Enttäuschungen, die sich konkret auf einzelne Aktualfähigkeiten beziehen.

Das Gesicht der Hoffnungslosigkeit

Hoffnungslosigkeit tritt in vielfältigen Abstufungen auf: von fast völliger Resignation bis hin zum Zweckpessimismus. Entsprechend abgestuft sind auch die Folgeerscheinungen. Sie reichen vom „psychogenen Tod" bis hin zu Störungen des Schlaf-Wach-Rhythmus. Auch die uns als ausweglos erscheinenden Situatio-

Ein positives Konzept von Hoffnung ist Optimismus, das negative Konzept ist Pessimismus.

nen können scharf abgegrenzt oder aber auch verschwommen sein. Manche Menschen können Schwierigkeiten in einem speziellen Bereich auf alle anderen Lebensbereich übertragen. Was und in welchem Grade der Einzelne als ausweglose Situation erlebt, hängt auch von der Erziehung ab, die einer Person zuteil wurde, dies bezeichnen wir in der Positiven Psychotherapie als Grundkonflikt. Entsprechend funktionieren aktuelle Situationen als Auslöser.

Jede Aktivität ist in mir erloschen

Ich möchte Hoffnung lernen, doch ich verbringe meine Zeit mit Träumen. Ich bin hungrig, doch allein kann ich nicht essen. Ich möchte etwas unternehmen, doch ich bin wie gelähmt. So wird mir die Sinnlosigkeit meines Lebens bewusst. Dies alles kam zum Durchbruch, als mein Freund sich von mir trennte. Wir hatten uns monatelang über Kleinigkeiten gestritten, etwa weil er mit mir verkehren wollte, obwohl er aus dem Mund roch oder weil ich nie pünktlich sein konnte. Ich wurde ganz aus den, von meiner von Kindheit an gewohnten Bahnen geworfen (26-jährige Angestellte nach einem Suizidversuch).

Vertrauen und Zutrauen

Trotz Hoffnung und genauester Planung bleibt ein unkalkulierbarer Rest. Motto: Ich freue mich auf die erhoffte Zukunft, ich freue mich aber auch auf die Überraschungen.

Die Hoffnung ist auf die Zukunft eines Menschen gerichtet. Durch die Hoffnung erfährt der Mensch Zutrauen gegenüber den besonderen Fähigkeiten, die er besitzt oder die man von ihm erwartet. Und aus diesem bestätigten Zutrauen, also darauf wie sich die Fähigkeiten in Bezug auf die gestellten Erwartungen entwickeln, resultiert ein Vertrauen auf den Menschen als Ganzes: Man nimmt ihn so wie er ist. Vertrauen hängt also nicht nur von den Einzelerfahrungen mit einem bestimmten Menschen ab, sondern von der Gesamtheit der Erfahrungen, die seine Bezugsperson in ihrer Lebensgeschichte gemacht hat. Gerade diese Vorerfahrungen setzen umso mehr voraus, dass die Einzigartigkeit eines Menschen angenommen und in der Struktur der Erwartungen berücksichtigt wird.

Neben diesem Vertrauen, das sich Schritt für Schritt aus dem bestätigten Zutrauen entwickelt, gibt es ein Vertrauen, das noch den ursprünglichen Charakter besitzt. Es findet sich oft in ausgepräg-

ter Form im Mutter-Kind-Verhältnis: „Ich vertraue dir, weil du da bist." Das Selbstvertrauen, das wir als Erwachsene haben, spiegelt das Vertrauen wider, das Andere uns entgegen gebracht haben.

Kinder brauchen und entwickeln zu Bezugspersonen Vertrauen. Sich geborgen fühlen, sich auf jemanden verlassen zu können ist eine der wichtigsten Fähigkeiten des Menschen.

Was ist Vertrauen und wie entwickelt es sich?

Vertrauen ist eine Aktualfähigkeit, sich auf jemanden verlassen zu können und sich bei ihm geborgen zu fühlen. Es ist eine Fähigkeit, sich auf bestimmte Leistungen und Eigenschaften verlassen zu können und diese zu erwarten. Das Vertrauen entsteht zunächst auf dem Boden der primären Fähigkeiten und der Liebesfähigkeit und bezieht die ganze Person, mitunter die gesamte Umwelt, in ein Vertrauensverhältnis ein. Andererseits kontrolliert sich das Vertrauen an einzelnen Erfahrungen, die man hinsichtlich der Aktualfähigkeiten machte, also durch das Zutrauen.

Glaube an Gott und binde dein Kamel fest!

Ohne Vertrauen und Hoffnung wäre das Leben undenkbar: Welcher Arzt und Therapeut könnte seinem Patienten noch Heilungshoffnung vermitteln, würde dieser ihm nicht vertrauen? Welcher Schwerstkranke glaubt noch an seine Gesundung, hätte er schon sämtliches Vertrauen in die Selbstheilungskräfte seines

Redensarten und Störungen zum Vertrauen:
Vertrauensvoll, vertrauenserweckend, vertrauenswürdig, vertrauensselig, jemandem etwas Schlechtes zutrauen, die Hand für jemanden ins Feuer legen, so sicher wie das Amen in der Kirche, auf Treu und Glauben, Vertrauensbruch, Misstrauen, blindes Vertrauen, Enttäuschung, Eifersucht, Hass, Neid, Ablehnung, überhöhte Erwartung, Misserfolgserwartung, Minderwertigkeitsgefühle, Resignation, Ängste, Depressionen

Körpers und in die Wirksamkeit von Therapien aufgegeben? Wer würde auf Frieden hoffen, hätte er völlig den Glauben an das Menschliche im Menschen verloren? Das ist jedoch ein schwieriger Lernprozess, und nur wer sich des Nichts als etwas, nämlich in Form einer immer bestehenden Chance des Unerwarteten bewusst ist, wird auch in ausweglos erscheinenden Lebenssituationen nicht so schnell ins Leere fallen. Er wird fähig bleiben, auf das Unverhoffte zu hoffen und sich damit so viel innere Stabilität erhalten, um bereit zu sein, weiterzumachen oder immer wieder neu anzufangen.

Ich habe mir nie etwas zugetraut

Alles habe ich angefangen und nichts fertig gemacht, weil ich nicht an mich geglaubt habe, immer nur an die Anderen. Ich sah mich immer nur als Niete. Man hatte mir ja auch lange genug gesagt, dass aus mir nichts werden würde. Ich bekam dauernd unter die Nase gerieben: Du kannst es gleich bleiben lassen, du kannst es doch nicht (28-jähriger Student mit Depressionen).

Wie können Sie Ihr Verhalten verändern

Statt ständig Anderen zu misstrauen, können Sie versuchen, mehr Genauigkeit und Ehrlichkeit zu entwickeln. Fragen Sie sich, auf welche Eigenschaften, welche Personen und welche Gruppen sich Ihr Vertrauen, Zutrauen oder Misstrauen bezieht? Wie ist Misstrauen entstanden? Beispielsweise durch Enttäuschung oder durch Nachahmung? Prüfen Sie sorgfälig, ob Ihr Misstrauen gerechtfertigt ist. Falls nicht, sollten Sie Anderen mit mehr Offenheit begegnen. Vielleicht richten Sie für sich selbst eine Art Kreditkonto für Andere ein: Jeder Mensch hat darin einen hohen Kredit, den Sie ihm zunächst gewähren – einfach weil Sie ihm vertrauen. Und nur wenn es auch wirklich gute Gründe gibt, dann kürzen Sie diesen Kredit. So haben andere Personen auch eine Chance, Ihr Vertrauen zu verdienen. Das heißt nicht, leutselig zu sein und fremden Menschen blindlings zu vertrauen. Verlassen Sie sich im Zweifel auf Ihr Gefühl, wie der andere Mensch mit Ihnen umgeht.

Warum Optimisten tatsächlich länger leben

Dass positive Erwartungen lebensverlängernd wirken können, wissen wir spätestens, seitdem die Heilkraft von Plazebos bekannt wurde. Plazebos sind so genannte wirkstofflose Scheinmedikamente, die allein durch die Kraft des Glaubens an ihren therapeutischen Wert wirken.

Weniger bekannt ist das umgekehrte Phänomen, der Nocebo-Effekt. Vom Nocebo-Effekt spricht man im Gegensatz zum Plazebo-Effekt, wenn negative Erwartungen (zum Beispiel pessimistische Einbildung, Hypochondrie) uns krank machen. Zudem bestätigen Stressforschung, Neurobiologie und Psychoneuroimmunologie die negativen körperlichen Auswirkungen von andauerndem Stress, wie er von Nocebos ausgeht.

So wie hoffnungsvolle Erwartungen die seelische, geistige und körperliche Gesundheit positiv beeinflussen können, machen negative Erwartungen nicht nur krank, eine lang andauernde Hoffnungslosigkeit kann die Lebenserwartung sogar herabsetzen. Dies belegen neue amerikanische Studien über den Einfluss von Verzweiflung und Hoffnungslosigkeit auf unsere Hirnleistungskraft.

War bisher bekannt, dass beispielsweise negativer Stress, etwa das Gefühl von Ohnmacht oder Prüfungsängste, vermehrt zur Ausschüttung des Stresshormons Cortisol beiträgt und den bekannten Black-out-Effekt auslösen kann, so haben Psychoneuroimmunologen nun zeigen können, dass schwerer psychosozialer Stress (beispielsweise eine Unterdrückungssituation in einer Partnerschaft) oder unverarbeitete Traumatisierungen den Cortisolspiegel dauerhaft erhöhen und beispielsweise zu Gehirnfunktionsstörungen führen können. So wird gegenwärtig etwa ein Zusammenhang zwischen der Alzheimer-Erkrankung und dauerhaftem Stress diskutiert – es könnte also sein, dass lang anhaltender Stress tatsächlich einen Einfluss auf das kognitive Geschehen hat. Mittlerweile belegt erstmals eine finnisch-amerikanische Untersuchung den Zusammenhang von negativem Stress wie etwa Mutlosigkeit und erhöhtem Sterberisiko.

Je positiver unsere allgemeine Lebenseinstellung ist, umso günstiger ist dies für unsere Lebenserwartungen. Daraus folgt: Optimisten leben wirklich länger.

Pessimisten – Optimisten: Eine Untersuchung

Eine Gruppe finnischer und US-amerikanischer Forscher hat in einer sechs Jahre andauernden Studie an 2428 Männern im Alter von 42 bis 60 Jahren aus Ostfinnland nachweisen können, dass Menschen umso früher sterben, je pessimistischer sie ihr Leben sehen. Die Forscher aus Berkeley und Helsinki teilten ihre Versuchspersonen in drei Gruppen ein, von „wenig" über „mittel" bis „ganz hoffnungslos", die sie anhand von Fragebögen ermittelten. Nach sechs Jahren waren 174 Probanden gestorben – und das Ergebnis verblüffend: Je weniger Vertrauen die Probanden in ihre Person und Zukunft hatten, umso höher war die Wahrscheinlichkeit, dass sie an Gefäßerkrankungen wie Herzinfarkt oder Schlaganfall (87 Personen), an Krebs (40 Personen) und an anderen Krankheiten (10 Personen) starben oder Opfer tödlicher Unfälle oder Gewaltverbrechen (29 Personen) wurden. Bei Männern, die besonders hohe Hoffnungslosigkeitswerte erreichten, war das Sterberisiko sogar dreimal so hoch.

Das Forscherteam betont, dass es sich bei „Hoffnungslosigkeit" um einen Faktor handelt, der unabhängig von anderen bekannten lebensverkürzenden Einflüssen wie Rauchen, Bewegungsmangel und Depressionen im Krankheitsfalle wirke. Es gehe um das negative Lebensgefühl als solches, das lebensverkürzend wirke.

Wer alt werden möchte, der sollte aus Sicht der Wissenschaft rechtzeitig lernen, seine Gedanken zu bearbeiten. Der Wert dieser Botschaft: Meide länger andauernden negativen Stress wo immer es geht, denn er schadet nicht nur deiner Gemüts- und Stimmungslage, sondern auch deinem Gehirn, was als negative Rückkoppelung die Gemütslage zusätzlich verschlechtern kann.

Schätzen Sie Hoffnung, Vertrauen und Zutrauen richtig ein

Der folgende Fragebogen gibt Ihnen einen Anhaltspunkt, wie Sie in Ihrem Leben nach Hoffnung, Vertrauen und Zutrauen fragen können. Sie erhalten darin auch einige Anhaltspunkte für die Frage, ob diese wichtigen Bereiche Ihres Lebens von Ihren Eltern und Ihrem Partner auch so gesehen werden. Gehen Sie die Fragen sorgfältig durch und schreiben Sie Ihre Antworten vielleicht wieder in Ihr Tagebuch.

Fragen zum Bereich Hoffnung, Vertrauen, Zutrauen

- ❍ Sind Sie oder Ihr Partner optimistischer?
- ❍ Welche Pläne haben Sie für Ihr privates und berufliches Leben?
- ❍ In welchen Bereichen sind Sie besonders anfällig für Enttäuschungen (Situationen)?
- ❍ Haben Sie die Hoffnung, dass sich bei Ihnen oder Ihrem Partner alles zum Guten ändert (Begründung)?
- ❍ Wer von Ihren Eltern war optimistischer oder pessimistischer? Wie hat sich das geäußert?
- ❍ Haben Sie zu sich und zu Ihrem Partner Vertrauen?
- ❍ Sind Sie in Ihrem Vertrauen enttäuscht worden (Situationen)?
- ❍ Haben Sie das Vertrauen Anderer enttäuscht (Situationen)?
- ❍ Können Sie fremden Menschen Vertrauen schenken oder sind Sie eher vorsichtig?
- ❍ Welche Fähigkeiten und Möglichkeiten trauen Sie Ihrem Partner zu (Treue, Ehrlichkeit, Fleiß/Leistung, Zuverlässigkeit, Pünktlichkeit)?
- ❍ Trauen Sie sich (Ihrem Partner) zu, dass Sie (er) einzelne Verhaltensweisen ändern kann (z.B. pünktlich nach Hause kommen etc.)?
- ❍ Zu wem von Ihren Eltern hatten Sie mehr Vertrauen, bei wem fühlten Sie sich als Kind mehr geborgen?
- ❍ Hat man Ihnen selbstständiges Verhalten zugetraut oder hat man Sie dauernd kontrolliert?

Die Hoffnung ist das einzige Gut, das allen Menschen gemein ist.
Thales von Milet

Das Prinzip der Balance

Die Schaulustigen und der Elefant

Bei Nacht hatte man einen Elefanten zur Ausstellung in einen dunklen Raum gebracht. Die Menschen strömten in Scharen herbei. Da es dunkel war, konnten die Besucher den Elefanten nicht sehen, und so versuchten sie, seine Gestalt durch Betasten zu erfassen. Da der Elefant groß war, konnte jeder Besucher nur einen Teil des Tieres greifen und es nach seinem Tastbefund beschreiben. Einer der Besucher, der ein Bein des Elefanten erwischt hatte, erklärte, der Elefant sei wie eine starke Säule. Ein Zweiter, der die Stoßzähne berührte, beschrieb den Elefanten als spitzen Gegenstand, ein Dritter, der das Ohr des Tieres ergriff, meinte, er sei einem Fächer nicht unähnlich. Der Vierte, der über den Rücken des Elefanten strich, behauptete, dass der Elefant so gerade und flach sei, wie eine Liege.

Wir begreifen andere Menschen häufig nur als Träger weniger Eigenschaften, die wir an ihnen sehen wollen, und können sie oft gar nicht als eine gesamte Persönlichkeit sehen.

So wie in dieser Geschichte ist es in vielen Bereichen unserer Gesellschaft: Jeder der Besucher sieht richtig, doch er sieht nicht alles. So wünschen sich manche Eltern ein braves Kind, Andere ein fleißiges und aufgewecktes, wieder Andere ein anlehnungsbedürftiges. Diese Bevorzugung ausgewählter Einzelheiten setzt sich in der Partnerschaft fort: Die eine Frau wählt ihren Partner danach aus, ob er erfolgreich ist, eine andere wünscht sich einen zärtlichen, höflichen Mann. Der eine Mann erträumt sich eine ordentliche, hausmütterliche Frau, ein Anderer eine geschäftstüchtige, selbstständige Frau. Sie alle versuchen, sich ihren Partner, ihr Kind, ihre Arbeitsstelle irgendwie vorzustellen und zu begreifen, doch berücksichtigen sie dabei immer nur einzelne Aspekte.

Jeder Mensch reagiert angesichts seiner Einzigartigkeit unterschiedlich auf die Umwelteinflüsse. Diese Einzigartigkeit beruht auf allen Erfahrungen, die der Mensch während seiner Kindheit, seiner Jugend, seiner Adoleszenz, aber auch während seiner Erwachsenenzeit gemacht hat und die ihn geprägt haben.

Alle streben in ihrem Leben letztendlich nach Glück und Selbstverwirklichung. Dieses Ziel erreichen wir am besten, wenn sich vier Bereiche unseres Lebens, unser Körper und die Sinne, die Leistung, der Kontakt und die Fantasie und Zukunft in einer guten Balance zueinander befinden. Gerät das Verhältnis dieser vier Qualitäten des Lebens aus dem Lot, erhält beispielsweise der Bereich Leistung zu sehr die Oberhand, werden die anderen drei Bereiche vernachlässigt. Auf die Dauer führt das zu Konflikten in allen vier Lebensqualitäten und das Ungleichgewicht erzeugt Stress. Häufig versuchen Menschen auch, Konflikte zu lösen, indem Sie sich immer mehr in einen der Lebensbereiche flüchten, also etwa immer mehr in ihrem Beruf leisten und zum Workaholic werden.

Das Ziel für einen positiven Umgang mit Stress ist es, diese Einzigartigkeit in den vier Qualitäten des Lebens zu erfahren und eine Ausgewogenheit zu erreichen.

Wenn diese „Waage" in der Lebenspraxis aber durch Flucht in die Krankheit (Körper), Flucht in die Arbeit (Leistung), Flucht in die Geselligkeit oder auch Einsamkeit (Kontakt), aber auch durch Flucht in Träume (Fantasie) aus dem Gleichgewicht gerät, reagiert der Mensch mit körperlichen oder psychischen Erkrankungen.

Von Kind an auf Leistung gedrillt

Der Beruf macht mir sogar Spaß, aber ich habe keine Beziehung zu anderen Menschen. Mit meinen Kindern kann ich auch nicht viel anfangen. Freizeit ist für mich eine Qual ... (42-jähriger Rechtsanwalt mit Depressionen).

Die Vier Qualitäten des Lebens – Ressourcen und Chancen

Im Folgenden soll das Balance-Modell der vier Qualitäten des Lebens vorgestellt werden. Die einzelnen Qualitäten stehen in enger Beziehung zueinander

Körper/Sinne

Diese Qualität beschreibt die Fähigkeit, den Körper lustvoll zu erleben und damit die Gesundheit zu erhalten: Im Vordergrund steht das Körper-Ich-Gefühl. Wie nimmt man seinen Körper wahr? Wie erlebt man die verschiedenen Sinneindrücke und Informationen aus der Umwelt? So kann beispielsweise der Schlaf- und Fütterungsrhythmus beim Säugling bedeutsam für die Entwicklung der Aktualfähigkeit Pünktlichkeit sein.

Leistung

Unter Leistung wird die Fähigkeit verstanden, von seinen Lernmöglichkeiten Gebrauch zu machen und sie einzusetzen. Es ist die Fähigkeit zu lernen und zu lehren. Hierzu gehört die Art und Weise, wie Leistungsnormen ausgeprägt sind und wie sie in das Selbstkonzept eingegliedert werden. Denken und Verstand ermöglichen es, systematisch und gezielt Probleme zu lösen und Leistungen zu optimieren.

Die vier Qualitäten des Lebens und ihre Beziehungen und Abhängigkeiten.

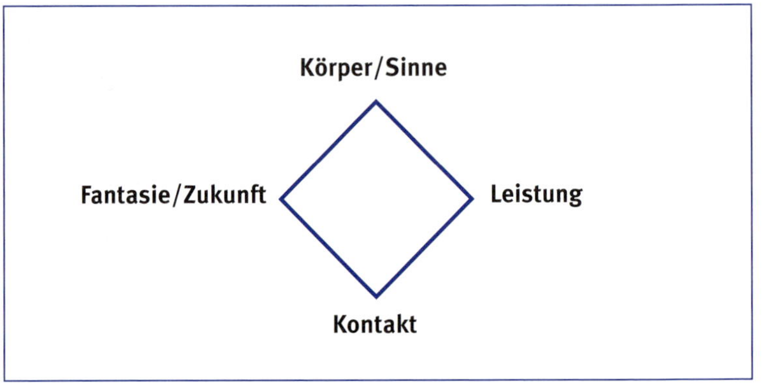

Kontakt

Diese letzte Qualität geht auf die Fähigkeit ein, seine emotionalen Qualitäten umfassend zu gestalten und damit soziale Beziehungen aufzunehmen und zu pflegen. Die Fähigkeit zu lieben und sich so zu verhalten, um geliebt zu werden. Wichtig ist hier die Beziehung zu sich selbst, dem Partner, der Familie, das Verhältnis zu anderen Menschen, Gruppen, sozialen Schichten und fremden Kulturkreisen, die Beziehung zu Tieren, Pflanzen und Dingen.

Die sozialen Verhaltensweisen werden durch die individuellen Lernerfahrungen und die Überlieferung (Tradition) mitgeprägt. Unsere Möglichkeiten, Kontakte zu gestalten, und sozial erlernte Auswahlkriterien, die sie steuern, sind beispielsweise: Man erwartet von einem Partner Höflichkeit, Ehrlichkeit, Gerechtigkeit, Ordnung, die Beschäftigung mit bestimmten Interessensgebieten usw. und sucht sich die Partner aus, die in irgendeiner Weise diesen Kriterien entsprechen.

Fantasie /Zukunft

Die Fähigkeit, seine intuitiven und fantasievollen Ressourcen zu nutzen und damit die nahe und ferne Zukunft optimistisch und Sinn gebend zu entwerfen, findet sich in der Qualität des Lebens, die sich mit der Fantasie und Zukunft beschäftigt.

Intuition und Fantasie reichen über die unmittelbare Wirklichkeit hinaus und können all das beinhalten, was wir als Sinn einer Tätigkeit, Sinn des Lebens, Wunsch, Zukunftsmalerei oder Utopie bezeichnen. Auf die Fähigkeiten der Intuition/ Fantasie und die sich aus ihr entwickelnden Bedürfnisse gehen Weltanschauungen und Religionen ein, die damit die Beziehung auch zu einer fernen Zukunft vermitteln.

Auf der Suche nach der Balance

Bleiben wir noch beim Balance-Modell. Nachdem wir nun die vier Qualitäten des Lebens vorgestellt haben, wollen wir uns jetzt einmal ansehen, welche Konflikte und vor allem Krankheiten auftreten, wenn die Bereiche dauerhaft in die Schieflage geraten. Stress und in der Folge Erschöpfung und Überlastung entstehen eben immer dann, wenn das Leben aus dem Gleichgewicht geraten ist und wir Konflikte zu lösen meinen, indem wir uns zu sehr einem der vier Bereiche zuwenden.

Körperliche Gesundheit

Es gibt nur wenig, was unsere Aufmerksamkeit mehr erfordert als unsere Gesundheit. Wenn wir jemanden auf der Straße treffen oder anrufen oder uns nach ihm erkundigen, fragen wir oder werden wir gefragt: „Wie geht es Ihnen?“ Diese Frage ist sicherlich mehr als eine höfliche Floskel. Sie spiegelt eine unserer

Hauptsorgen, nämlich die Frage nach unserer Gesundheit, und was für Andere mitunter noch wichtiger ist, die Frage nach unserer Krankheit wider.

Diese Fragen berühren ganz fundamental unsere Existenz und unser Wohlbefinden. Wir alle waren schon einmal krank und müssen mit weiteren Erkrankungen rechnen, und schließlich kann man durch Krankheiten auch sterben. Manche Gespräche drehen sich in aller Ausführlichkeit und in allen Details nur noch um die Gesundheit: „Was machen Ihre Bandscheiben?", „Welche Erfahrungen haben Sie mit diesem oder jenem Arzt oder diesem oder jenem Medikament gemacht, müssen Sie auch mal versuchen, das ist mir gut bekommen."

Beruf

Um zu sehen, musst du die Augen offen halten. Um zu erkennen, musst du sie schließen und denken.

Selbst im Beruf hat die Krankheit einen gewissen Prestigewert. Wir alle kennen jenen ironischen Witz, bei dem der Firmeninhaber zum Personalchef sagt: „Den Herrn müssen wir bald entlassen. Er ist schon fünf Jahre bei uns beschäftigt und hat noch keinen Herzinfarkt."

Unsere berufliche Leistungsfähigkeit ist eng verknüpft mit unserem gesundheitlichen Befinden. Diese Verknüpfung reicht sogar so weit, dass die berufliche Leistungsfähigkeit zu einem wesentlichen Kriterium wurde. Wir kennen alle die Praxis, nach der der Wert eines Mitarbeiters unter anderem danach beurteilt wird, wie oft er in einem Jahr aus Krankheitsgründen gefehlt hat. Umgekehrt wird der berufliche Erfolg zu einem Signal der Gesundheit. Man fragt: „Wie geht es Ihnen beruflich?" „Sind Sie zufrieden?" usw. Bewunderung und Neid gehören dem Erfolgreichsten. Wer genau hinhört, der findet hinter diesen Fragen versteckte Erkundigungen nach der Gesundheit. Denn, so meint man, wer etwas leisten kann, der müsse gesundheitlich intakt sein. Diesen Schluss könnte man mit Vorbehalt als eines der wesentlichsten Missverständnisse unserer Zivilisation bezeichnen.

Familie und Partnerschaft

Ein weiterer Ort von Konflikten sind Partnerschaft, Ehe und Familie. Ganz zu Recht wird hier das Wohlbefinden des Gesprächspartners mit der Privatsituation assoziiert, in der er sich befindet:

„Was macht deine Frau?“ „Geht’s deinen Kindern in der Schule wieder etwas besser?“ Aus den Antworten wird abgeleitet, ob es dem Gesprächspartner selber gut gehen kann oder ob er, von Sorgen belastet, Mitleid verdient.

Zukunft und Sinn

Mir war alles über den Kopf gewachsen

Im Beruf kam ich nicht mehr zurecht. Immer hat man mich mit Anderen verglichen. Ich empfand mein Verhältnis zu den Kollegen als schrecklich und konnte meinen Zustand nur unter Alkoholeinfluss ertragen. Zu Hause ging es dann auch noch schief. Meine Frau hat mich vor drei Jahren verlassen. Seitdem lebe ich nur noch mit der Flasche. Sie ist mein einziger Trost und mein einziger Halt. Alles andere hat sowieso keinen Zweck mehr. Ich sehe im Leben keinen Sinn mehr (42-jähriger Ingenieur, der wegen Leberzirrhose in ein Krankenhaus eingeliefert worden war).

Beim genauen Hinsehen stellen wir fest, dass die Erkundigungen zu einem nicht unerheblicher Teil auch Fragen zu Vergangenheit, Gegenwart und Zukunft thematisieren, mit anderen Worten: Die Dimension der Zeit. Auch wenn sie sich inhaltlich auf die vorherigen Bereiche beziehen, nehmen sie doch eine eigene Funktion ein: „Wie war es im Urlaub?“ „Was hast du jetzt vor?“ „Wie soll es bei dir weitergehen?“ „Früher hatte ich heftige Kopfschmerzen und ich litt unter Schlafstörungen. Jetzt geht es mir aber besser, nachdem ich nicht mehr rauche“.

Inwieweit wir die Zeit nutzen können, hängt unter anderem davon ab, welche Einstellungen wir gegenüber Vergangenheit, Gegenwart und Zukunft haben und welchen Sinn wir in unserem Handeln sehen. Unsere Einstellung prägt unser Handeln und damit auch unseren Umgang mit der Zeit: ob wir uns aktiv mit unserem Leben auseinander setzen oder in passiver Resignation und Fatalismus verharren. Dadurch entsteht so etwas wie eine sich selbst erfüllende Prophezeiung: setze ich mich aktiv mit meinem Leben und meiner Umwelt auseinander, werde ich auch meine Ziele im Leben erreichen und ein ausgewogenes und stressfreies Leben führen. Bin ich aber passiv und warte, was geschieht, werden mich die Ereignisse überrollen und ich fühle mich als Opfer der Verhältnisse.

Wenn man die Zukunft pessimistisch beurteilt, ergeben sich fast automatisch andere Möglichkeiten, als wenn man optimistisch zu planen wagt.

Körperliche Erkrankungen und das Balance Modell

Als Beispiel soll ein Patient mit Leberzirrhose dienen. Er hat eine Krankheit, die in den Zuständigkeitsbereich eines Internisten gehört. Die Krankheit ist so schwerwiegend, dass sie als lebensbedrohend gelten kann. Dennoch erschöpft sich das Krankheitsbild nicht in diesem körperlichen Befund, was die Vorgeschichte deutlich belegt. Der Alkoholgenuss war ursächlich für die Lebererkrankung. Was war aber wiederum für den Alkoholgenuss ursächlich? In der Therapie konnte der Patient hier erkennen, dass er Konflikte im partnerschaftlichen und beruflichen Bereich hatte (Untreue der Frau, Ungerechtigkeit im Beruf, die wiederum aus der Erlebnisstruktur und den Techniken der Konfliktverarbeitung plausibel werden). Entscheidend dabei war, dass erst durch diesen Schritt, also die Erkenntnis der hinter der Erkrankung stehenden Konflikte klar wurde, welche Bedeutung das Symptom und der jeweilige Konflikt für den Betroffenen haben.

Stress, Erschöpfung und Überlastung zeigen sich nicht nur in psychischen Symptomen, sondern äußern sich häufig in körperlichen Erkrankungen. Im Falle von Kopfschmerzen oder Bauchschmerzen ist das klar, aber wie ist es beispielsweise mit Alkoholismus, Herzleiden oder gar Krebserkrankungen? Häufig wird bei Krankheiten der Zusammenhang zwischen Psyche und Körper bestritten oder er ist nicht direkt nachweisbar. Dabei ist in der Forschung ganz unbestritten, dass dauerhafter Stress zu einem so genannten Stress-Syndrom führt, das in der Folge sehr wohl körperliche Erkrankungen nach sich ziehen kann. Meist bleibt allerdings eine medizinische Therapie am Körperlichen orientiert, obwohl es für eine nachhaltige Genesung wichtig wäre, neben der notwendigen körperlichen Therapie, die vielleicht nur den Fortgang der Erkrankung anhalten kann, aus der Lebensgeschichte und den Lernmöglichkeiten des Patienten Wege zu finden, den schädlichen Alkoholgenuss zu meiden und belastende Konflikte in Zukunft zu bewältigen. Darüber hinaus sollte der Patient lernen, mit seiner Situation fertig zu werden und im Rahmen seiner Möglichkeiten ein adäquates Verhältnis zur Zukunft zu finden.

In der folgenden Übersicht soll stellvertretend für viele Andere eine körperliche Erkrankung in Verbindung mit psychischen Erkrankungen und den dahinter stehenden Konflikten gebracht werden. Das bedeutet, dass die Leberzirrhose als Erkrankung auf dem Alkoholismus und einer Depression beruht und der auslösende Konflikt aber die mögliche Untreue des Ehepartners ist. Der dauerhafte Stress durch den ungelösten Grundkonflikt steht also in Beziehung zu einer körperlichen Erkrankung.

Zusammenhang zwischen ungelösten Konflikten und Erkrankungen

Körperliches Symptom	Psychisches Symptom	Psychosoziale Konflikte
Leberzirrhose	Alkoholismus Depression Angst Haltlosigkeit	Untreue (des Ehepartners) Ungerechtigkeit (Bevorzugung von Kollegen) Fleiß/Leistung (überhöhtes Anspruchsniveau und Enttäuschung) Hoffnungslosigkeit, Resignation passives Verhältnis zur Zukunft (es ist doch sowieso alles egal)

Die hier stehenden Tabellen zeigen drei Spalten. In der ersten Spalte finden Sie einige Krankheitsbegriffe, denen in der zweiten Spalte psychische Symptome und in der dritten ungelöste psychosoziale Konflikte zugeordnet sind. Hier wird noch einmal deutlich, dass sich Stress, Überlastung und Erschöpfung auf verschiedenen Ebenen zeigt, auf der körperlichen, der psychischen und der psychosozialen. Nur wenn Sie bei körperlichen und psychischen Symptomen gewissermaßen hinter die Kulissen blicken, wenn Sie erkennen, welche ungelösten Konflikte hinter Ihrem Stress stehen, dann werden Sie Möglichkeiten finden, Ihr Leben wieder ins Lot zu bringen.

Aber nicht nur Krankeiten kann man psychische Symptome und psychosoziale Konflikte zuordnen, sondern auch Risikoverhalten in der Lebensweise, wie etwa Alkohol, Rauchen, Bewegungsmangel, Über- und Unterernährung, wie die Tabelle zeigt.

Risikofaktoren, psychische Symptome und psychosozialen Konflikte

Körperliches Symptom	Psychisches Symptom	Psychosoziale Konflikte
Alkohol	Reizbarkeit; Bewegungsdrang; innere Unruhe; Versagungsangst; Depressionen; aggressives Verhalten	Alkohol ist die Droge, die das Gefühl von Wärme, Geborgenheit mit Sicherheit vermittelt und damit Funktionen einnimmt, die auch der intakten Familie zugeschrieben werden. Selbstheilungsversuch, ein Weg, Probleme zu lösen.
Rauchen	Stress; Nervosität; innere Unruhe; Gespanntheit; Gereiztheit; symptomatische Depression und Angstzustände	Unsicherheit, Bedürfnis nach Prestige, Angst vor Versagen, der Wunsch, Leistungsbereitschaft aufrecht zu erhalten, Nachahmungsbedürfnis, Gewohnheit, Konformismus (sich wie die Anderen oder wie bestimmte Vorbilder verhalten)
Bewegungsmangel	Abgeschlagenheit; Depression; Stress; Apathie; Zieleinschränkung; Herz-Rhythmus-Störung; Kopfschmerzen	Kontaktarmut, Einseitigkeit, passive Beziehung gegenüber dem eigenen Körper, mangelnde Motivation für körperliche Leistungen, Überbewertung intellektueller Leistungen und der Fantasietätigkeit gegenüber den körperlichen Leistungen, Überbewertung, mangelnder äußerer Anreiz, mangelnde Gelegenheit für körperliche Betätigung durch berufliche Überforderung, kultur- und religionsabhängige Einschränkungen, mangelnde Information über geeignete Bewegungs- und Betätigungsmöglichkeiten

Über- und Unterernährung	Depression; Angst dick zu werden; Abgeschlagenheit; Anklammerungstendenzen; Nervosität; Stress; innere Unruhe	Esstradition (schön sein heißt dick sein); viel Essen ist Maß für Gesundheit; Probleme mit den Eltern (in der Familie); Kummer, Verlust eines Angehörigen, Langeweile, Essen als Ersatzhandlung, besondere Bewertung des Ess- und Geschmackserlebnisses.

Krankheitsbegriffe, psychische Symptome und psychosoziale Konflikte

Körperliches Symptom	**Psychisches Symptom**	**Psychosoziale Konflikte**
Kopfschmerzen	Abgeschlagenheit; Gereiztheit	Konkurrenzkampf; Ungerechtigkeit
Magengeschwür	Nervosität; Stress	ausgeprägter Ehrgeiz; Leistungswille; überhöhte Rollenforderung
Herz-Rhythmus-Störungen	Angst; emotionale Labilität	Überempfindlichkeit in einzelnen Bereichen; betontes Ordnungsverhalten
Leberzirrhose	Alkoholismus; Depressionen	Untreue; Hoffnungslosigkeit
Schlafstörungen	innere Unruhe; Gespanntheit	Angst vor der Verantwortung; Misserfolgsvermutung; Pünktlichkeit
Asthma bronchiale	Angstzustände; Anklammerungstendenzen	Angst, die Bezugsperson zu verlieren; Kontakt-, Vertrauenskrise
Verstopfung	Depression; Gereiztheit	Diskrepanz zwischen Geben und Nehmen; Sparsamkeit
Sexualstörungen	Sexualangst; aggressive Abwehr	Sauberkeit, Ehrlichkeit; Höflichkeit; Treue; Eifersucht

So finden Sie Ihre Balance wieder

Der Bau von Luftschlössern kostet nichts, aber ihr Abriss ist sehr teuer.

Damit Sie Ihren Stress dauerhaft abbauen und neue Energien aufbauen können ist es von besonderer Wichtigkeit, zwischen den vier Qualitäten des Lebens wieder ein Gleichgewicht herzustellen. Die folgenden Fragen sollen Ihnen helfen, selbst herauszufinden, welche Seite des Lebens Sie überbetonen, und welche Qualitäten zu kurz kommen. Nehmen Sie sich Zeit für die Antworten, und überlegen Sie sorgfältig, wo in den vergangenen Jahren Missverhältnisse aufgetreten sind.

Fragen zum Bereich körperliche Symptome

- Wie ist Ihr Verhältnis zu sich selbst?
- Nehmen Sie sich Zeit für Ihre körperlichen Bedürfnisse wie Schlaf, Nahrung, Ästhetik, Bewegung und Sport, Sexualität, Körperkontakt, Zärtlichkeit und Gesundheit?
- Wie ist Ihr Verhältnis zum Beruf: Haben Sie den Beruf freiwillig gewählt oder wurden Sie dazu gezwungen? War nichts anderes da, was Sie werden konnten? Interessieren Sie die Aufgaben, die Ihnen gestellt werden? Arbeiten Sie nur, um Geld zu verdienen und sich etwas anderes leisten zu können, oder ist der Beruf für Sie Sinnerfüllung und inneres Bedürfnis geworden? Haben Sie Konflikte im Beruf? Werden Sie überfordert oder unterfordert? Gefällt Ihnen zwar der Beruf, aber kommen Sie mit den Kollegen nicht aus? In wieweit können Sie einen Beitrag zur gesellschaftlichen Entwicklung leisten? Inwieweit beziehen Sie ethische und moralische Fragen in Ihren Beruf ein?
- Wie ist das Verhältnis zum Partner und zur sozialen Umgebung? Haben Sie einen guten Kontakt zu Ihrer Frau/Ihrem Mann, zu den Kindern? Nehmen Sie sich Zeit für Ihre Familie? Haben Sie Vertrauen zu ihnen? Nehmen Sie Rücksicht auf Ihre Familie? Fordern Sie nur Gehorsam und Höflichkeit oder legen Sie Wert auf einen offenen Meinungsaustausch?

- Wie ist das Verhältnis zu Verwandten, Freunden, Kollegen? Wie ist Ihr Verhältnis zu Ihren Landsleuten und anderen Menschen überhaupt? Sind Sie kontaktbereit, gesellig? Haben Sie Vorurteile, Ängste oder Aggressionen gegenüber einzelnen Personen oder Gruppen? Wie ist das Verhältnis zur Zukunft: Sind Sie mit der Gegenwart zufrieden oder unzufrieden? Sehen Sie Entwicklungsmöglichkeiten oder Stillstand. Welche Ziele haben Sie und welches sind die Ursachen Ihres Orientierungssystems? Welche Bedeutung hat für Sie das Leben überhaupt? Wie verarbeiten Sie Schwierigkeiten, die in den anderen Bereichen auftreten? Sind Sie bereit, offen Ihre Meinung zu sagen, auch auf die Gefahr hin, die freundlichen Blicke der Anderen zu verlieren? Welche Beziehung haben Sie zum musischen Bereich: Kunst, Malerei, Musik und Literatur? Wie stellen Sie sich das Leben nach dem Tode vor?

Glaube nie etwas, was der Vernunft widerspricht, ohne es zu prüfen.

Das Prinzip der Beratung

Untrügliches Zeichen für Dummheit

Ein Faghih, ein Lehrer in früheren Tagen, las in einem klugen Buch, das sieben Weise geschrieben hatten, den Satz: „Kleiner Kopf und langer Bart sind ein untrügliches Zeichen für Dummheit." Angestrengt starrte er in den Spiegel: „Gott bewahre mich, mein Kopf ist auch nicht gerade groß. Wenn ich das Wort der Weisen morgen vor meinen Schülern lese, wie stehe ich dann vor ihnen da?" Das unglückliche Zusammentreffen der Merkmale der Dummheit in seiner Person ließ ihn so schnell handeln wie denken: „Von kurzem Bart und kleinem Kopf als Zeichen für Dummheit steht nichts in dem Buch". Keine Schere war zur Hand, kein scharfes Messer, um den Bart zu kürzen. So griff der Faghih in seinem Eifer nach einem Leuchter, um die verräterische Länge des Bartes zu stutzen. Wie eine Stichflamme fuhr das Feuer an seinem Bart hoch. Bevor er die Flamme löschen konnte, war sein Bart versengt, die Haut seines Gesichtes vom Feuer verbrannt und schwarz vor Ruß. Da er sich ohne Bart und mit Brandwunden im Gesicht vor anderen Menschen – erst Recht vor seinen Schülern – nicht zeigen konnte, hatte er genügend Zeit zum Nachdenken. Neben dem ver-

hängnisvollen Satz „Kleiner Kopf und langer Bart sind ein untrügliches Zeichen für Dummheit“ schrieb er in gestochenen Schriftzeichen: „Diese Behauptung hat sich in der Praxis als wahr erwiesen“.

Theoretisieren hilft nicht

So wie wir physikalische Phänomene wissenschaftlich beobachten, Theorien über diese Phänomene erstellen und Voraussagen treffen, wollen manche von uns ihr persönliches Leben gestalten: Sauber, korrekt, ordentlich und in geregelten Bahnen. Die Gesetze der Naturwissenschaften und ihrer Vorhersagbarkeit haben sich für die westlichen Industrieländer als großer Fortschritt in Industrie, Technik und Medizin erwiesen. Werden sie jedoch auf Partnerschaft und den Mitmenschen angewendet, ist das Verhängnis ebenso vorhersehbar.

Einer der Hauptwünsche der Menschen in der westlichen Welt ist es, alles unter Kontrolle zu haben. Man möchte Herr im eigenen Hause sein und lässt sich nicht gern überraschen.

Nicht etwa, dass die Partnerschaft den Beteiligten gleichgültig wäre, im Gegenteil. Im Bestreben nach größtmöglicher Sicherheit wird auf die Methode zurückgegriffen, die in unserer Industriegesellschaft am ehesten Sicherheit garantiert – das „wissenschaftliche“ Vorgehen. Damit meine ich nicht die wissenschaftliche Psychologie, deren Aufgabe die Beobachtung und Erklärung menschlichen Verhaltens mithilfe wissenschaftlicher Methoden ist. Damit meine ich vielmehr die unkritische Anwendung ihrer Ergebnisse durch die Beteiligten einer Partnerschaft selbst.

Das erste Missverständnis, auf das wir stoßen, ist die Vorstellung, der „Theoretiker“ könne sich in seiner eigenen Partnerschaft wie ein Wissenschaftler neutral distanziert und beobachtend verhalten. Er kann es nicht. Vielmehr steckt er mitten drin. Sein krampfhafter Versuch, theoretische Distanz zu wahren, wird für die Partnerschaft von konkreter Bedeutung: Durch theoretische Reflexionen versucht er, sich außerhalb der partnerschaftlichen Dynamik zu stellen, sich persönlich unangreifbar zu machen und Macht gegenüber dem Partner auszuüben.

Ein zweites Missverständnis betrifft die Theorie der Gefühle. So sind es eben nicht Wut und Zorn, wenn man über Aggressionen redet. Über sie zu reden und sie empfinden zu können ist zweierlei. Oft drängt sich der Verdacht auf, als solle durch das Psychologisieren, durch die künstliche Verwissenschaftlichung des Alltagslebens eine Ersatzwelt für tatsächlich gelebte Gefühle erzeugt werden.

Das Stress-Experiment

Jeder Mensch hat die Fähigkeit, die Möglichkeit und Chance, durch gelerntes Problemlösungsverhalten oder Beratung eine Anti-Stress-Bewältigung zu erfahren. Einen wesentlichen Beitrag zu einer erfolgreichen Stressbewältigung leistet dabei unser Gefühl, in belastenden Situationen über Kontroll- und Einflussmöglichkeiten zu verfügen.

> Ein Forschungsprojekt hat dies eindrucksvoll bestätigt. Es wurde mit Arbeitern durchgeführt, die störenden Hintergrundgeräuschen ausgesetzt waren: Maschinen- und Straßenlärm sowie fremdsprachiger Unterhaltung. Eine Gruppe konnte einen Knopf betätigen und damit die Geräusche abstellen, der anderen Gruppe fehlte diese Möglichkeit. Die Arbeitsleistung der ersten Gruppe lag durchweg höher als bei der zweiten. Das Verblüffende dabei war, dass der Knopf kein einziges Mal gedrückt wurde. Offenbar genügte es zu wissen, dass er vorhanden war.

Jeder Mensch, das hat auch die Stressforschung gezeigt, braucht demnach solche Knöpfe, also Freiheitsgrade in der Entscheidung, und Möglichkeiten, Situationen kontrollieren, steuern oder beeinflussen zu können. Dies hilft uns, mit den Belastungen zu leben, die uns umgeben.

Die meisten Ereignisse im persönlichen und gesellschaftlichen Bereich lassen sich kontrollieren und steuern. Wir müssen nur die richtigen „Knöpfe" finden und lernen, die Steuerung zu übernehmen.

Zusammenfassung

Die vier Bereiche entsprechen einem Reiter, der leistungsmotiviert (Leistung) einem Ziel zustrebt (Fantasie). Er braucht dazu ein gutes und gepflegtes Pferd (Körper) und für den Fall, dass dieses ihn einmal abwerfen sollte, Helfer, die ihn beim Aufsteigen unterstützen (Kontakt). Dies bedeutet, dass Sie sich selbst nicht nur mit einem Bereich, z. B. dem Reiter, beschäftigen können, sondern alle beteiligten Bereiche berücksichtigen müssen. Alle vier Bereiche des Lebens gehören auf den Prüfstand. Die folgende Übersicht zeigt, was geschieht, wenn sich im Leben Einseitigkeiten breit machen können.

Folgen und Anzeichen der Hoffnungslosigkeit

Hoffen, auf etwas rechnen, sich etwas versprechen, verheißungsvoll, erwarten, in Aussicht stellen, sich an einen Strohhalm klammern, alles rosarot sehen, schwarzsehen, sinnlos, aussichtslos, unerreichbar, unlösbar, unmöglich. – Hoffnungslosigkeit, Unzufriedenheit, Pessimismus, Resignation, Flucht in die Fantasie, passive Erwartungshaltung, naiver Optimismus, Lebensangst, Todesangst, Blockierung der Handlungsfähigkeit, Überforderung und Unterforderung, Einschränkung der eigenen Urteilsfähigkeit, Ungeduld, Misstrauen.

Folgen und Anzeichen der Einseitigkeit

Zusammenarbeit, Integration, Identität, einheitlich, Einigkeit, Zusammenhänge, System, universal, Totalität, Synthese, Struktur, Polarität. – Einheitsverlust, Desintegration, Ichstörung, Depersonalisation, Einseitigkeiten, hypochondrische Beobachtung des Körpers, Lust und Sex als Lebensziel, sexueller Leistungszwang, Anklammerungstendenzen, Partnerschaftliche Probleme, überhöhter Ehrgeiz, Stresserscheinungen, Fixierung, Abwehr, Beruf als Lebensziel, Flucht in die Fantasie, in die Zukunft, Vorurteile, Identitätskrisen, Totalitarismus, Götzendienerei (Idolatrie), Aberglaube, Glaubenskrisen, Fanatismus, Religiöser Wahn, Uniformität, Sektierertum, Eklektizismus.

Folgen und Anzeichen mangelnder Beratung

Unterhaltend, umgänglich, begegnen, treffen, näher bringen, Gedankenaustausch, Beratung, Annäherung, Tuchfühlung, Berührung. – Hemmungen, Unsicherheit, Misstrauen, Überempfindlichkeit, Kontaktarmut, überhöhte Erwartungen, Isolation, Einsamkeit, Flucht in die Geselligkeit, finanzielle Schwierigkeiten, Selbstwertproblem, Überforderung, Unterforderung, affektive Ablehnung des Vorbildes, Schwanken zwischen Liebe und Hass, Schuldgefühle, Inkonsequenz, Ungewissheit, Überempfindlichkeit, Rücksichtslosigkeit, Eigenbrötelei, einseitige Realitätsbezogenheit, psychosomatische Beschwerden, Massenbildung, Depressionen, Generationsprobleme, transkulturelle Schwierigkeiten, Stimmungsschwankungen, Gruppenegoismus und Kriege.

Hilfe zur Selbsthilfe

Stress, Konflikte und Störungen entstehen im Alltagsleben. Eheprobleme beispielsweise entstehen zunächst in der partnerschaftlichen Beziehung und dort im Verhältnis zu sich selbst und den übrigen sozialen Kontakten. Treten zum Beispiel Probleme in Beruf und Partnerschaft auf, können Sie auf verschiedene Weise darauf reagieren: Sie könnten kündigen oder die Scheidung einreichen. Sie können aber auch ihren Kummer im Alkohol ersäufen, mithilfe von Drogen eine bessere Welt suchen oder Rache üben und selbst fremdgehen. Sie haben jedoch auch die Möglichkeit, aktiv und positiv in das Problem einzugreifen. All dies ist zunächst einmal Selbsthilfe.

Einige dieser Selbsthilfemaßnahmen haben allerdings den Nachteil, auf Dauer noch mehr Ärger und Schwierigkeiten hervorzurufen. Es kommt daher darauf an, solche Maßnahmen der Selbsthilfe zu finden, die für alle beteiligten Parteien annehmbar und durchführbar sind und die am Ende Ihnen und Ihrem Partner und der Familie mehr nützen als schaden.

Fünf Stufen der Psychotherapie und der Selbsthilfe

Um Erschöpfung und Überlastung selbst abbauen und neue Kräfte mobilisieren zu können, wendet die Positive Psychotherapie ein fünfstufiges Verfahren an. Dieses Verfahren stützt sich einerseits auf die zuvor schon beschriebenen Grundfähigkeiten und Aktualfähigkeiten und gliedert sich andererseits in die Stufen der Distanzierung/Beobachtung, Inventarisierung, situativen Ermutigung, Verbalisierung und Zielerweiterung.

Das fünfstufige Schema orientiert sich am Modell eines Konfliktablaufs – hierzu ein Beispiel: Wenn wir uns beispielsweise über die Unhöflichkeit von jemandem ärgern, liegt es nahe, dass wir uns innerlich beunruhigt fühlen, offen über ihn schimpfen oder mit Anderen über ihn und seine Schwächen sprechen. Weiterhin werden wir ihn plötzlich nicht mehr als Menschen mit seinen vielfältigen Fähigkeiten sehen, sondern nur noch als die unhöfliche, flegelhafte Person, die uns durch ihre Unhöflichkeit herab-

Muss man erst geschieden sein, um zu wissen, wie gut eine Ehe ist? Muss man erst einen Herzinfarkt gehabt haben, um beurteilen zu können, wie wichtig die körperliche Gesundheit ist? Muss man erst einen Selbstmordversuch begangen haben, um die Bedeutung seelischer Gesundheit zu erfassen?

gesetzt hat. Man ist nicht mehr in der Lage, sich mit seinen positiven Eigenschaften zu beschäftigen, da die negativen Erlebnisse wie ein Schatten auf die Beziehung zu diesem Menschen gefallen sind.

Die Folge wird sein, dass man auch nur noch wenig bereit ist, sich mit ihm auseinander zu setzen und jede Auseinandersetzung letztlich zu einem Machtkampf oder in einen Wutausbruch ausartet. Die Kommunikation zu diesem Menschen ist behindert und häufig kommt es, wenn es der eigene Partner ist, so weit, dass man selbst die eigenen Ziele einschränkt.

1. Stufe der Beobachtung/Distanzierung

Die Igel

In einer kalten Nacht hatten zwei Igel ein Problem. Wenn sie einander zu nahe rückten, um sich zu wärmen, stachen sie sich gegenseitig mit ihren Stacheln. Rückten sie aber zu weit voneinander ab, froren sie. Es kam für sie drauf an, so nahe beieinander zu liegen, dass sie sich wärmten, aber weit genug, um sich nicht gegenseitig zu stechen.

Im Rahmen der fünfstufigen Behandlung kommen gezielt Geschichten zum Einsatz. Sie sollen helfen, Distanz zur eigenen Erlebniswelt zu schaffen und zum Nachdenken anzuregen.

In dieser Stufe beginnen Sie und unter Umständen Ihre Umwelt, die Kompetenz zur Selbsthilfe zu erwerben. Die Schwerpunkte liegen – für einen Zeitraum zwischen einer und vier Wochen – auf der positiven Umdeutung des Konfliktes. Das Vorgehen hierzu ist in den ersten zwei Kapiteln dieses Buches erläutert worden.

Hilfen dafür sind folgende Maßnahmen:

Beobachtung: Beobachten Sie das Verhalten Ihrer Partner. Schreiben Sie auf, worüber Sie sich ärgern und worüber Sie sich freuen. Beschreiben Sie diese Situationen genau und unterlassen Sie Kritik: Während Sie Ihre Partner beobachten, kritisieren Sie nicht. Durch die distanzierte Beobachtung und den Verzicht auf Kritik wird der Konflikt abgesteckt. Das Gegenüber wird mitunter schon jetzt aus einer anderen Sicht wahrgenommen.

Tagesablauf/Wochenablauf: Schreiben Sie detailliert auf, wie Sie einen Tag verbringen. Machen Sie das Gleiche für den Ablauf der letzten Woche. Dies ist eine Maßnahme der Selbstkontrolle. Dabei können Einseitigkeiten ebenso aufgedeckt werden wie Interessenschwerpunkte und vernachlässigte Bereiche. Machen Sie das Problem mit dem Partner aus: Probleme sind Privatsache. Sprechen Sie nicht mit dritten Personen darüber. Statt über Ängste, Aggressionen und Depressionen zu sprechen, notieren Sie die Umstände, unter denen sie auftreten.

Ist-Wert und Soll-Wert: Kreisen Sie Ihre Konflikte mit Hilfe des Ist-Wertes und des Soll-Wertes ein. Denken Sie über mögliche Alternativen zu Ihrem bisherigen Verhalten nach. Dazu stellen Sie sich kurz die aufgetretene Konfliktsituation noch einmal vor Ihrem inneren Auge vor und vergleichen Sie mit Ihrem Tagebucheintrag. Der Ist-Wert gibt Ihre konkrete Reaktion wider. Nun aber führen Sie einen Soll-Wert ein, der das Gegenkonzept umfasst, das Ihnen als gangbare Alternative erscheint.

Beispiel für die „Ist- und Soll-Wert-Technik"

Situation	Ist-Wert	Soll-Wert
Herr B. hat eine verantwortungsvolle Position. Abends kommt er sehr spät nach Hause. Seine Kinder sehen ihn fast nur noch am Sonntag. Zeit zum Spielen hat er so gut wie nie, da er am Wochenende private Korrespondenz erledigt.	Ehefrau: Lebst du für deinen Beruf oder für mich und die Kinder? Du kannst dich jetzt entscheiden!	Ehefrau: Ich weiß, wie anstrengend dein Beruf ist, und wir wissen deine Leistungen auch zu schätzen. Können wir dir irgendwie helfen, dass du auch einmal Zeit für die Kinder und mich hast? Wir wollen versuchen, die Durststrecke gemeinsam zu überwinden.

Gegenseitiges Verstehen fördern:

Zunächst ist diese Ist- und Soll-Wert-Technik nicht so einfach, setzt sie doch voraus, dass man für sich selbst in einer kritischen Situation Verhaltensalternativen zunächst einmal erkennt. Hilfreich ist hier die Einsicht, dass ein für uns auffälliges oder gar anstößiges Verhalten in einer anderen Kultur oder zu einer anderen Zeit nach anderen Maßstäben bewertet wird – als unauffällig oder sogar wünschenswert gelten kann.

Gesund wollen wir nicht denjenigen nennen, der keine Probleme hat, sondern den, der in der Lage ist, mit ihnen positiv und angemessen umzugehen.

So lassen sich auch Krankheiten und Störungen in verschiedener Weise deuten: Nehmen wir zunächst die organischen Krankheiten, beispielsweise Lungenkrebs. Diese Krankheit hat einen eng umschriebenen organischen Befund und aufgrund bisheriger Erfahrungen meist eine äußerst ungünstige Prognose. Dennoch können wir beobachten, dass die Betroffenen unterschiedlich auf ihre Situation reagieren und ihre Krankheit unterschiedlichen Wertsystemen zuordnen.

Wir beobachten Patienten, die sich verzweifelt gegen die Krankheit auflehnen, keine Einsicht in die scheinbare Sinnlosigkeit ihrer Krankheit erhalten oder resignieren und passiv ihren Tod erwarten. Umgekehrt finden wir Patienten, die trotz oder wegen ihres Leidens sogar noch in der Lage sind ihre Ärzte und Pfleger zu trösten, schöpferisch tätig sind und den Menschen ihrer Umgebung helfen, mit ihren eigenen Todesängsten umzugehen.

Mit anderen Worten: Je nach den verschiedenen Konzepten können selbst schwerste Krankheiten unterschiedliche subjektive Bedeutung erhalten und das subjektive Lebensgefühl und Lusterleben beeinflussen.

2. Stufe der Inventarisierung

Nun gilt es in einem zweiten Schritt, Ihre Beobachtungen auch zu bewerten. Versuchen Sie es einmal mit Ihren eigenen Aktualfähigkeiten. Welche bewerten Sie über, welche unter? Finden Sie die konflikthaft ausgeprägten Aktualfähigkeiten für den Partner und sich selbst heraus. Versuchen Sie, zu vergleichen, welche Schwerpunkte Sie bei sich und bei Ihrem Partner setzen.

Die Stufe der Inventarisierung legt den Schwerpunkt auf das unterscheidene Vorgehen.

Dadurch, dass nicht nur die mit einem unerwünschten Verhalten verknüpften Bereiche angesprochen werden, sondern eine Vielzahl von durchaus positiven Fähigkeiten, gewinnen Sie selbst ebenso wie die Mitglieder Ihrer Familie neue Kriterien der gegenseitigen Wertschätzung. Sie erkennen, um es bildlich auszudrücken, dass ein Pfau nicht nur hässliche faltige Füße hat, sondern auch wunderschöne Federn. Für die Familiengruppe kommt es vor allem darauf an, diese Qualitäten voneinander zu unterscheiden und zu erfahren, wie relativ diese Bewertungen sind.

Anleitung zur Inventarisierung

Versuchen Sie einmal, die folgenden Fragen ausführlich zu beantworten.

Konfliktverarbeitung:

- Schreiben Sie auf, in welchen Lebensbereichen Sie Ihre Probleme austragen.
- Wie verarbeitet Ihr Partner seine Probleme?

Die vier Vorbild-Dimensionen:

- Wer war Ihr Vorbild?
- Welche Beziehungen hatten Ihre Eltern zu Ihnen und zueinander?
- Welches Verhältnis hatten Ihre Eltern zu anderen Menschen und Gruppen?
- Wie standen Ihre Eltern zu den Fragen von Religion und Weltanschauung?
- Wie sehen Sie die vier Vorbild-Dimensionen für Ihren Partner?

Fähigkeiten:

- Schreiben Sie auf, über welche Fähigkeiten und Fertigkeiten Sie und Ihr Parter verfügen. Denken Sie an Situationen, in denen Ihnen eine Konfliktlösung gelungen ist. Über welche Kräfte verfügen Sie?
- Beschreiben Sie als Erläuterung zu Ihren Beurteilungen die entsprechenden Situationen.

Konzepte:

- Welches Motto oder Konzept galt bei Ihnen zu Hause?
- Welches ist Ihr Konzept heute?
- Was sind die Konzepte Ihres Partners?
- Wer ist Ihr Lieblingsautor?
- Welche seiner Aussagen fällt Ihnen gerade ein und was sagt sie Ihnen?

Relativität der Werte Bei der Beantwortung all dieser Fragen stellt sich recht schnell etwas sehr Wichtiges heraus: Die unterschiedlichen Wertmaßstäbe führen in Verbindung mit der Einzigartigkeit des Menschen und seiner Entwicklung dazu, dass Menschen unterschiedlich auf die Sinnfrage reagieren, mit der sie in der Familie, im Beruf, in der Partnerschaft, im sozialen Kontakt und in Bezug zur Zukunft zu tun haben. Etwas erweitert ließe sich sogar sagen, dass jeder Mensch in seiner Weise einzigartig mit Problemen umgeht.

Diese Beispiele zeigen: Was der Eine als sinnvoll erlebt, muss nicht für einen Anderen in gleicher Weise sinnvoll sein. Wenn es für einen Familienvater sinnvoll erscheint, abends nach Dienstschluss absolute Ruhe in seinem Haus zu fordern, kann diese Rücksichtnahme für die übrigen Familienmitglieder zum Terror werden. Was also für eine Person als sinnvoll erscheint, darf nie isoliert betrachtet werden, sondern steht stets in Beziehung zu den Interessen und Bedürfnissen der anderen Menschen!

„Wenn mein Mann nur das kleinste Wehwehchen hat, schleicht er herum und tut so, als müsste er gleich sterben. Alle müssen ihn dann bedienen. Als ich vor kurzem eine schwere Gallenkolik hatte, arbeitete ich trotzdem weiter und habe versucht, den Schmerz zu verbeißen. Ich kann es nicht ausstehen, wenn sich jemand so gehen lässt" (48-jährige Frau mit Eheproblemen).

„Wenn mein Mann von der Arbeit kommt, wäscht er sich und setzt sich vor das Fernsehgerät. Es ist gar nicht daran zu denken, dass wir mal zusammen ausgehen. Ich muss raus, wenn ich mich den ganzen Tag mit den Kindern beschäftigt habe" (37-jährige Hausfrau, Mutter von drei Kindern mit Depressionen).

3. Stufe der situativen Ermutigung

In einem nächsten Schritt sollten Sie in Ihren Aufzeichnungen nach drei Extrembeurteilungen suchen, und zwar jeweils getrennt für Sie selbst und den Partner. Dabei ist es wichtig, nicht nur negative Beurteilungen der Aktualfähigkeiten herauszusuchen, sondern ihnen auch positive Ausprägungen gegenüber zu stellen. Dann werden die positiv beurteilten Fähigkeiten des Partners eine Woche lang bei konkreten Anlässen gelobt.

Kommunikationsübungen Parallel dazu können Sie eine ganze Reihe an Übungen starten. Vergessen Sie nicht, dass falsche Rücksichtnahme Ihnen und Ihrem Partner mehr schadet als ein offenes Gespräch zur rechten Zeit. Falsche Rücksichtnahme ist Ungerechtigkeit gegenüber dem Partner. Auf keinen Fall sollten Sie oder Ihr Partner allgemeine Kritik üben, sondern gleichzeitig Verbesserungsvorschläge nennen.

Für die Gespräche gelten: Die Beteiligten haben Schweigepflicht.

- Dem Partner zuhören: Der Partner nennt seine Probleme und Wünsche. Hören Sie zu, seien Sie höflich. Fragen Sie sich und Ihren Partner, welche Bedeutung das Problem für ihn hat, seit wann er sich damit beschäftigt und wie er damit umgeht.

- Ehrlich sein: Konkretisieren Sie Ihrem Partner gegenüber Ihre eigenen Probleme: Wie stehen Sie dazu? Welche Bedeutung hat für Sie ein Konflikt? Was möchten Sie damit erreichen? Welches ist Ihr neuralgischer Punkt?

Anhand einiger Beispiele wollen wir Ihnen zeigen, wie Kommunikation gestaltet werden kann, wenn ein paar einfache Regeln beherzigt werden.

> Konrad, 17 Jahre alt, resigniert: „Ich sehe keinen Sinn mehr, überhaupt noch etwas zu machen, seit Vati tot ist.“ Die Mutter berichtete, dass sie darauf geantwortet habe: „Meinst du, dass ich noch einen Sinn sehe, ich habe selbst schon lange aufgegeben!“ In der psychotherapeutischen Behandlung gab sie aber eine andere Antwort: „Es ist nicht einfach für uns, Vati mit 42 Jahren verloren zu haben. Ich glaube, es wäre nicht in Vatis Sinn, wenn wir alles fallen ließen. Er hat Zeit seines Lebens dafür gesorgt, dass wir glücklich zusammenleben konnten. Jetzt wäre es widersinnig, wenn wir nur noch das Unglück sehen würden.“

Der 15-jährige Uwe kommentierte den Tod seiner Großmutter: „Die Omi ist gestorben. Na endlich habe ich meine Ruhe." Die Mutter reagierte spontan: „Du unverschämter und undankbarer Kerl! Über seine verstorbene Oma spricht man nicht schlecht." Die Mutter hätte auch in anderer Weise reagieren können. „Ich weiß nicht, ob du das tatsächlich so meinst, wie du es sagst. Ich habe den Eindruck, dass du nicht zugeben willst, dass dich der Tod der Oma genauso betroffen hat wie uns. Du denkst, es ist eine Schande, wenn ein richtiger Junge seine Gefühle zeigt."

Auch hier gilt für die Beteiligten hinsichtlich des Gesprächs Schweigepflicht.

4. Stufe der Verbalisierung

In dieser Stufe werden die auftretenden Konflikte durchgesprochen. Man beginnt das Gespräch, um eine Vertrauensbasis herzustellen, mit gerechtfertigten Ermutigungen. Der Partner nennt seine Beschwerden, die Bezugsperson hört zu. Dann hört sich der Partner die Beschwerden der Bezugsperson an. Für die auftretenden Probleme werden Lösungsmöglichkeiten gesucht.

Fragen, die sich jeder Partner bei der partnerschaftlichen Konfliktsituation stellen sollte:

- Ist das Problem zu lösen?
- Will ich überhaupt etwas ändern?
- Kann mein Partner meinen Erwartungen entsprechen?
- Will er eine Lösung des Problems?
- Habe ich schon Versuche in Richtung einer Problemlösung unternommen?
- Sehe ich unsere Situation ehrlich und offen?
- Bringe ich meine Meinung ehrlich zum Ausdruck?
- Bin ich bereit, auch meinem Partner zuzuhören?
- Bin ich überhaupt bereit, meinem Partner Zeit zu geben und mir selber Zeit zu nehmen?
- Erwarte ich, dass Änderungen von einem Augenblick auf den anderen erfolgen sollten?

5. Stufe der Zielerweiterung

Der erfolgreiche Kaufmann

Stellen Sie sich einen erfolgreichen Kaufmann vor, der sein ganzes Kapital, alles, was er über Jahre hinweg erworben hat, in ein einziges Projekt steckt. Solange die Wirtschaftslage gut ist, birgt dieses Vorgehen vielleicht die größere Gewinnchance. In dem Augenblick aber, in dem das Projekt schief läuft, hat er so gut wie nichts mehr. Hätte er sein Kapital auf unterschiedliche Investitionsbereiche verteilt, könnte er sich bei Schwierigkeiten mithilfe dieses Kapitels auffangen.

Wie in diesem Beispiel sollten Sie nun im letzten Schritt Ihre Ziele im Bereich der Aktualfähigkeiten erweitern und sich die Frage stellen, welche Aktualfähigkeiten Sie bisher stiefmütterlich behandelt haben. Erschließen Sie neue Möglichkeiten der Konfliktverarbeitung, indem Sie sich fragen, welche Bereiche bisher zu kurz gekommen sind. Welche Formen der Beziehung halten Sie bei sich und Ihrem Partner für entwicklungsfähig?

Ebenfalls eine Zielerweiterung, eine Zielsuche, ist es, einen neuen Sinn im Leben zu entdecken. Für viele Menschen sind Krisen, in denen Überlastung, Stress, körperliche Erkrankung und vieles anderes auftritt, mit einem Verlust des Lebenssinns verbunden. Sie fühlen sich leer und fragen sich, was sie überhaupt noch am Leben hält.

Sinnhaftigkeit ist durchaus keine statistische Größe, sondern hängt von vielen Faktoren wie etwa der Situation, der Zeit und der Entwicklung ab.

Neben der Fähigkeit, einen Sinn zu akzeptieren, an ihn zu glauben und ihn fest zu halten, die schon seit der frühesten Kindheit modelliert wird, unterliegt das, was man für sinnvoll erachtet, oft einem erstaunlichen Wechsel. Häufig zeigt sich nach einer gelungenen Trauerarbeit eine erstaunliche Wendung, bei der die „Liebesdialoge“, also die lustvolle Besetzung eines Objekts von dem bisherigen Sinngehalt losgelöst und einem neuen Objekt zugewendet wird. Dies ist ein Akt, der von den meisten sogar als Befreiung beschrieben wird. Die Fähigkeit, einem einmal geliebten Menschen oder Objekt nachzutrauern, es dann aber loszulassen und die frei werdende Energie einem neuen Menschen oder Objekt zuzuwenden, erweitert unsere Verhaltensweisen enorm.

… dann wurde ich klug

„Nachdem ich mit einem Herzinfarkt im Krankenhaus war, habe ich endlich gemerkt, dass es gar keinen Sinn hat, dass ich mich beruflich fix und fertig mache" (52-jähriger Geschäftsführer).

Ich verändere mich von Tag zu Tag

„Mein Leben hat schon deshalb einen Sinn, weil ich mich manchmal von Tag zu Tag verändere und ich direkt verfolgen kann, wie ich mich entfalte. Gewiss, ich erleide Rückschläge und falle in eine engstirnige Leistungsakrobatik zurück. Ich habe aber auch Freunde, interessiere mich für Politik und Entwicklungshilfe und finde sehr viel Befriedigung, wenn ich mich musisch betätige" (43-jährige Lehrerin).

Endlich ein eigener, freier Mensch

Eine 26-jährige Frau hatte gleich nach dem Schulabschluss mit 18 Jahren geheiratet. Zu Hause war sie als einzige Tochter beschützt worden und stand in Abhängigkeit von ihren Eltern. Diese wurde mit der Heirat durch eine Abhängigkeit von dem Ehemann abgelöst. Der zwölf Jahre ältere Mann kümmerte sich um alles, was die geschäftlichen Bereiche der Ehe betraf. Die junge Frau brauchte nichts anderes zu tun als sich dem Ehemann anzupassen. Als der Ehemann bei einem Verkehrsunfall starb, war die Frau plötzlich mit sich selbst konfrontiert. Sie bemerkte, dass sie kaum eigene Interessen hatte, dass ihre Zeiteinteilung die ihres Ehemannes war und sie als Schatten des Toten lebte. Das Leben hatte für sie, wie sie sagte, keinen Sinn mehr. Nach einem Selbstmordversuch kam sie in psychotherapeutische Behandlung, wo sie unter Anleitung des Therapeuten lernte, einen eigenen Lebensplan zu erarbeiten. Sie begann ein Studium und war, wie sie es selbst ausdrückte, endlich ein eigener und freier Mensch. Ein Trost, der die Trauerarbeit erleichterte und die wegen der Verselbstständigung auftretenden Schuldgefühle verarbeiten half, war die Vorstellung, sie könne jetzt die Aufgaben ihres verstorbenen Mannes auf ihre Weise fortführen.

Meist sind zwischenmenschliche Konflikte dadurch gekennzeichnet, dass man selbst beim Anderen nur noch das wahrnimmt, was einen an ihm stört, beispielweise die Unordung. Sie kennen das aus Ihrem Alltag, wenn plötzlich der Andere nur noch im Lichte einer bestimmten negativen Eigenschaft gesehen wird. Sinn sowohl der Selbsthilfe als auch einer Therapie muss es sein, diese Einengung der Sichtweise aufzubrechen und wieder zu erweitern, beispielsweise indem man in der vermeintlichen Unordung des Anderen die Vorteile des kreativen Chaos wahrnimmt und so aus Schwächen Stärken macht. Dadurch wird Negatives in Positives umgewandelt.

Die Einrichtung einer Familien-, Eltern- oder Partnergruppe ermöglicht eine systematische Auseinandersetzung mit den Wünschen und Zielvorstellungen der einzelnen Familienmitglieder.

Um ein Auto zu steuern, besuchen wir eine besondere Schule, lernen Verkehrsregeln und machen eine Prüfung. Um Kinder zu erziehen, reicht es völlig aus, überhaupt ein Kind zu haben. Manche Eltern sind wie Autofahrer, die ohne Führerschein mit verbundenen Augen durch den Berufsverkehr fahren.

Die Familiengruppe Die Gruppenmitglieder treffen sich regelmäßig zu einer vereinbarten Zeit. In der Familiengruppe sind alle Gruppenmitglieder gleichberechtigt. Die Gruppenleitung übernimmt abwechselnd ein Gruppenmitglied als Gruppenassistent.

Eine Sitzung der Familiengruppe sollte nicht länger als 45 bis 60 Minuten dauern. Jedes Gruppenmitglied führt ein „Gruppenheft", in dem Konflikte und Anregungen, die in der Gruppe diskutiert werden sollen, notiert werden. In der Gruppe werden die auftretenden Schwierigkeiten, die die ganze Familie betreffen, durchgesprochen, ebenso werden die Planungen für gemeinsame Unternehmungen durchgeführt.

Auftretende Schwierigkeiten werden durchgearbeitet, wobei immer auf die jeweiligen positiven und negativen Fähigkeiten geachtet wird. Dies geschieht, in dem das Problem allen Familienmitgliedern als Thema bis zur nächsten Gruppensitzung vorgegeben wird. Hat ein Kind beispielsweise gelogen, gilt die nächste Woche als Woche der Ehrlichkeit, in der sich alle Familienmitglieder beobachten sollen, wie ihr Verhalten hinsichtlich der Ehrlichkeit ist. Hilfsmethoden hierbei sind beispielsweise Tagespläne und Wochenpläne.

Durch Funktionsverteilung und Rollentausch erhalten die Gruppenmitglieder die Möglichkeit, die Rollenaufgaben der Partner kennen zu lernen. Dabei werden vor allem die Fähigkeiten Geduld, Vorbild, Zeit, Kontakt, Zutrauen, Vertrauen, Pünktlichkeit, Ordnung und Gewissenhaftigkeit angesprochen.

Viele kleine Leute aus vielen kleinen Orten, die viele kleine Dinge tun, werden das Angesicht der Erde verändern.
Afrikanische Weisheit

Wie findet eine Familiengruppe statt?

Alle Familienmitglieder treffen sich regelmäßig zu einer bestimmten Zeit zu einem Gespräch, z.B. einmal wöchentlich. Es können aber auch Sitzungen zu ganz besonderen Anlässen einberufen werden. Die Gruppe sollte am späten Nachmittag tagen, weil die Kinder dann noch munter sind. Der Zeitpunkt, an dem sich die Familiengruppe trifft, wird dann von allen Mitgliedern mitbestimmt, und die festgelegte Zeit (z.B. Samstagnachmittag, 17.15 Uhr) ist für alle verbindlich. Kann man durch unvorhergesehene Umstände an einem Termin nicht teilnehmen, sollten die übrigen Gruppenmitglieder rechtzeitig davon unterrichtet werden und ein neuer Zeitpunkt gemeinsam festgelegt werden. Eine Familiengruppensitzung sollte zwischen 45 bis 60 Minuten dauern. Für die Durchführung gelten einige Regeln:

Gleichberechtigung der Gruppenmitglieder: Jedes Mitglied ist gleichwertiger Partner. Zur Durchführung der Familiengruppe benötigen die Eltern keine akademische oder besondere Ausbildung. Kinder können ab drei Jahren teilnehmen. Selbst wenn sie nicht jedes Wort verstehen, bemerken sie doch, was geschieht, wie man miteinander spricht und welche Möglichkeiten zur Verfügung stehen, ein Problem zu lösen. Das Kind sieht die Familie in der Zusammenarbeit und nicht nur beim Essen, Spazierengehen oder Fernsehen.

Der Gruppenassistent: Da es in der Familiengruppe, wie auch in anderen Gruppen, teilweise recht heftig zugeht, wird ein Gruppenassistent gewählt, der dafür sorgt, dass jedes Gruppenmitglied zu Wort kommt und keiner das Wort an sich reißt. Der Gruppenassistent versucht zudem, die Gruppenmitglieder beim Thema zu halten und grobe Entgleisungen zu verhindern. Die Heftigkeit, mit der Probleme in der Familiengruppe ausgetragen werden, ist zunächst sogar positiv zu werten – sie geht auf die unterschiedlichen Strukturen der Aktualfähigkeiten der einzelnen Gruppenmitglieder und die Rollenverteilung in der Familie zurück. Jedes Mitglied ab fünf Jahren kann Gruppenassistent werden – sofern dieses noch nicht schreiben kann, wird die Aufgabe des Schriftführers delegiert. Jede Woche wird der Gruppenassistent durch Reihenfolge bestimmt, die schriftlich festgelegt wird.

Das Gruppenheft: Jedes Mitglied hat ein Heft für sich, in das es die Themen notiert, die es vorbringen möchte, sowie die Abmachungen und Beschlüsse der Gruppe. Gruppenmitglieder sollten ihre Probleme zeichnen und erklären. Mütter können das Anliegen der Kinder aufschreiben, ohne allerdings etwas hinzuzufügen oder wegzulassen. Für das Kind ist das Gruppenheft zugleich ein Haushaltsbuch, Terminkalender und Trainingsbuch. Das Kind lernt, sein Taschengeld einzuteilen, über seine Zeit zu verfügen und ein geordnetes Verhältnis gegenüber seinen Aufgaben und Interessen zu gewinnen. Das Heft hilft, dass das Kind auch besser Pünktlichkeit, Ordnung, Sauberkeit und Genauigkeit lernt und zugleich eine differenzierte Einstellung gegenüber den alltäglichen Dingen bekommt.

Der Tagesplan: Das Kind lernt durch einen Zeitplan, die eigene Zeit aus freien Stücken einzuteilen. Das planvolle Verhältnis gegenüber der Zeit wird zu einem Modell für ein planvolles Verhältnis sich selbst gegenüber: Erfüllt man seine Aufgaben rechtzeitig, erfährt man eine gewisse Bestätigung. Ein diffuses Verhältnis zur Zeit scheint sich dagegen in einem diffusen Verhältnis zu sich selbst widerzuspiegeln, ähnlich wie eine Überstrukturierung und Überplanung der Zeit eine strenge, abwehrende Erziehung sich selbst gegenüber kennzeichnet. Die Einteilung der Zeit in einem Tagesplan hat sich als günstig erwiesen, das eigene Verhältnis zur Zeit zu gestalten.

Das Zusammentreffen in einer Familie setzt feste Regeln voraus, damit Probleme erfolgreich gelöst werden können.

Ein solcher Tagesplan berücksichtigt die Zeiteinteilung vom Aufstehen bis zum Schlafengehen – er entsteht aber nicht von einem

Tag auf den anderen. Rund sechs Wochen sollte der Jugendliche Zeit haben, Vorschläge zu notieren, die im Gespräch mit den Eltern jeden Abend durchgearbeitet werden. Für jeden Tag wird ein eigener Zeitplan erstellt, dabei kristallisieren sich bestimmte Abläufe heraus, wie die des Aufstehens, des Mittagessens und des Schlafengehens, die zumeist gleich blieben.

Die Checkliste: Wenn man auf die minutiöse Planung verzichten möchte, lässt sich anstelle des exakten Tagesplans eine Checkliste erstellen, in der die täglichen Aufgaben aufgeführt sind und abgehakt werden können. Das Kind oder man selbst erhält dadurch einen Überblick über die vollbrachte Leistung – Anhäufungen von Aufgaben und Misserfolge sind somit weitgehend vermeidbar. Die Checkliste ist eine Art Selbstkontrolle, die die unangenehme Fremdkontrolle ersetzt. Sie kann als Wochenplan über die ganze Woche hinweg geführt werden. Die Familiengruppe

Überschrift

Situation	Ist-Wert	Soll-Wert
Meine Frau möchte mit unserer Tochter zum Kasperltheater gehen. Unsere Tochter widersetzt sich oft ihren Anweisungen, wobei meine Frau entsprechend Konsequenzen androht, aber nicht umsetzt. Ich mische mich nicht ein, sondern bespreche mit meiner Frau am Abend ihr Verhalten.	Ich mische mich in die Situation ein und versuche das meiner Meinung nach Richtige durchzusetzen, ohne die Absichten/Gedankengänge meiner Frau zu verstehen. **Folge:** Da meine Frau zu diesem Zeitpunkt sowieso nicht gut zu sprechen ist, reagiert sie unangemessen auf meine Erziehungsversuche, wobei ich dann ebenfalls „zurückschieße“. Es entsteht ein Streit, bei dem unsere Tochter falsches Konfliktverhalten lernt.	Ich mische mich nicht in die Situation ein, solange ich nicht gefragt werde: Wer fragt, der führt. Ich notiere mir die Punkte und bespreche diese in der Partner- und Familiengruppe.

Situation	Ist-Wert	Soll-Wert
periodisch: 7-mal pro Woche		
Meine Tochter schafft es mich auf die Palme zu bringen (hört nicht auf mich, macht das Gegenteil von dem was ich sage, stellt Dinge an, von denen sie genau weiß, dass diese verboten sind ...)	Ich lasse mich provozieren, flippe aus und schimpfe mit ihr. Meine guten Vorsätze sind dahin. Manchmal gelingt es mir ruhig zu sein und meiner Frau das zu überlassen, in über 50 % der Fälle jedoch nicht. Beispiel: Meine Tochter soll auf die Toilette bevor wir zum Kindergarten gehen. Ich setze sie drauf und sie klettert darauf rum und legt sich so hin, dass ihr Pipi über den Toilettenrand auf den Teppich spritzt. Ich koche vor Wut, da wir sowieso schon spät dran sind, schrei und schlage dabei auf den Wickeltischaufsatz auf der Badewanne, dass dieser auseinanderbricht. **Folge:** Meine Tochter bekommt Angst, obwohl sie äußerlich „gelassen“ scheint und auch noch dabei lacht. Aber tief in ihr drin ist sie verletzt und verliert mehr und mehr ihr Vertrauen mir gegenüber. Sie lernt von mir „verbale Gewalt“ kennen.	

spielt bei diesem Vorgehen eine besondere Rolle, denn der Zeitplan wird mit ihr besprochen, sein Einhalten durch die Familiengruppe belohnt. Tagesplan, Checkliste und Wochenplan können im Familienleben zu einer sinnvollen Einrichtung werden, vorausgesetzt sie werden regelmäßig geführt und von allen Familienmitgliedern auch nach den Regeln benutzt.

Die Erziehung, wie jemand gelernt hat, auf einen Partner einzugehen, besitzt eine entscheidende Bedeutung.

Die Funktionsverteilung kann als ein Grundprinzip in der Familiengruppe gelten. Erst wenn ein Kind an den Problemen der Erwachsenen teilhaben kann, wird es ihm möglich sein, die Bezugsperson besser zu verstehen. Umgekehrt verstellt die starre Rollenverteilung in der Familie den Eltern häufig die Einsicht in die Probleme der Kinder. Die Kinder haben in der Familiengruppe das gleiche Recht wie die Erwachsenen, Kritik zu üben, wenn Gruppenbeschlüsse nicht befolgt werden.

Der Rollentausch ist die direkte Methode, die Struktur der Familie dynamisch zu gestalten. Jedes Gruppenmitglied kann sich für seine Wünsche, die in der Gruppe durchgesprochen werden, aktiv einsetzen. Es kann dabei die Planung und Ausgestaltung von derartigen Vorhaben übernehmen. Sind die Gruppenmitglieder mit der Planung einverstanden, kann entweder das Kind alleine die Durchführung dieses Vorhabens leiten oder zusammen mit einem Erwachsenen (Mentorenschaft) handeln. Praktisch sieht das so aus: Ein Kind hat den Wunsch, am Wochenende einen Ausflug zu machen. Es nennt ein bestimmtes Ziel. Über diesen Vorschlag wird in der Gruppe gesprochen und wenn Übereinstimmung besteht, kann die weitere Durchführung dem Kind, das den Vorschlag gemacht hat, überlassen werden. Die Gruppe unterstützt die weitere Planung durch Vorschläge, das Kind organisiert eine Wanderkarte, es erkundigt sich nach Verkehrsmitteln, macht Vorschläge für die Verpflegung und gibt am Zielort selber Bestellungen auf – übernimmt somit die Funktion, die traditionsgemäß dem Vater zusteht. In der nächsten Gruppensitzung wird über dieses Unternehmen gesprochen.

Kritisiert wird jedoch erst in der Familiengruppe. Beobachtungen werden so lange in das Gruppenheft eingetragen.

Die Elterngruppe Im Gegensatz zur Familiengruppe gibt es auch Konflikte, die nur die Eltern betreffen und nicht die ganze Familie. Konflikte zwischen den Eltern sollten nicht vor den Kindern ausgetragen werden. Die Eltern sprechen regelmäßig, am besten abends, die notwendigen Planungen und auftretenden Schwierigkeiten durch. Die Dauer einer Elterngruppensitzung sollte zwischen 15 und 30 Minuten liegen.

Nicht die Ehe ist gut, in der es keine Probleme und Konflikte gibt, sondern die Ehe, in der die Bereitschaft besteht, offen, ehrlich und sachlich über die Probleme zu sprechen und sie zu verarbeiten.

Stress im Alltag erfolgreich begegnen

Stress hat viele Gesichter, ob nun als Tinnitus oder Mobbing, als Chronisches Müdigkeitssyndrom oder Schulproblem. Anhand einiger Beispiele soll verdeutlicht werden, welche Selbsthilfe möglich ist.

Ohrgeräusche – einfach zu viel um die Ohren

Der Diener der Auberginen

Ein mächtiger Herrscher im alten Morgenland aß mit Vorliebe Auberginen. Er konnte nicht genug davon haben und hatte sogar einen Diener, dessen einzige Aufgabe darin bestand, die Auberginen so schmackhaft wie möglich zuzubereiten. Der Herrscher schwärmte: „Wie herrlich sind doch diese Früchte. Wie göttlich ist ihr Geschmack. Wie elegant ist ihr Aussehen. Auberginen sind das Beste, was es gibt." „Jawohl mein Herr", antwortete der Diener. Am gleichen Tag noch aß der Herrscher in seiner Gier so viele Auberginen, dass es ihm schlecht wurde. Er hatte das Gefühl, als würde sich sein Magen von unten nach oben drehen und als wollten alle Auberginen, die er jemals gegessen hatte, auf dem falschen Weg wieder das Tageslicht erblicken. Er stöhnte: „Nie wieder Auberginen. Diese Früchte der Hölle will ich nicht mehr sehen. Allein ihre Vorstellung erzeugt in mir Übelkeit. Auberginen sind die grässlichsten Früchte, die ich kenne." „Jawohl, mein Herr", antwortete der Diener. Da wurde der Herrscher stutzig. „Heute Mittag, als ich noch von der Herrlichkeit der Auberginen sprach, stimmtest du zu. Jetzt, da ich über ihre Grässlichkeit spreche, stimmst du mir wieder zu. Wie lässt sich das vereinbaren?" „Herr!", sagte der Diener, „ich bin dein Diener und nicht der Diener der Auberginen."

Was sind Ohrgeräusche?

Ich habe viel zu viel um die Ohren (Ein Gruppenleiter)

Der quälende Dauerton aus dem Inneren wird durch eine Funktionsstörung im Hörsystem hervorgerufen: Vermutlich kommt es durch Fehlerregungen geschädigter Hörsinneszellen zu den Geräuschempfindungen, die unser Gedächtnis mit bekannten Mustern verbindet: Meeresrauschen, pfeifender Wasserkessel, ratternde und scheppernde Töne. Im Volksmund kennt man die Redeweise: „Jetzt denkt einer an dich" oder „Einen kleinen Mann im Ohr haben".

Die Ursachen für Ohrgeräusche liegen – soweit bis jetzt erforscht – in einer mangelnden Durchblutung, die einen Sauerstoffmangel des Innenohres zur Folge hat. Diese Durchblutungsstörungen können durch Arterienverkalkung, Zuckerkrankheit, Stoffwechselleiden, Abnutzung der Halswirbelsäule, Allergien, Medikamentenunverträglichkeit und Stress entstehen.

Stress beispielsweise führt zu einer Verengung der Blut Zuführenden Gefäße, und dadurch bedingt zu einer verminderten Durchblutung und Sauerstoffversorgung des Innenohrs. Die Folge ist, dass jene Sinneshärchen, die für die Geräuschwahrnehmung zuständig sind und die Informationen an das Gehirn weiterleiten, verkleben und die Hörzellen absterben. Die abgestorbenen Zellen fallen in die Hörschnecke und reizen die benachbarten Sinneszellen – es kommt zu den Geräuschen wie Fiepen, Dröhnen, Hämmern, Zischen oder Klingeln. Die Belastung für die Betroffenen ist enorm. Die Lautstärke der Geräusche kann bis zur Lautstärke eines Presslufthammers ansteigen, und das am Tag und in der Nacht.

Derzeit leiden allein in Deutschland etwa eine Million Menschen an chronischem Tinnitus, also dauerhaften Ohrgeräuschen. Werden die Personen mit dazugerechnet, die unregelmäßig Geräusche wahrnehmen, sind es etwa zehn Millionen.

Auslösender Stressor ist Lärm, und zwar sowohl Lärm, dem man schutzlos ausgesetzt ist, als auch selbsterzeugter Lärm, der zunächst lustvoll erlebt wird wie beispielsweise der Walkman, die Disco oder die Windgeräusche beim Motorrad fahren. Zum Anderen kann Stress durch überhöhte Anforderungen an sich selbst, durch Ehrgeiz, Pflichtbewusstsein und Genauigkeit, die Krankheit auslösen. Wer in Hektik ist, nimmt aufgrund stressbedingter nervöser Fehlsteuerungen häufiger störende Ohrgeräusche wahr.

Problembewältigung und Konsequenzen

Die Krankheit Tinnitus muss so früh wie möglich behandelt werden, denn der Kranke befindet sich in einem Ausnahmezustand. Er benötigt dringend psychologische Hilfe und die Ärzte sollten alles vermeiden, was den Patienten unnötig verunsichert, aber eine frühzeitige Aufklärung, dass die Krankheit länger dauern kann, ist notwendig. Die Behandlung sollte in einem Klima der Geborgenheit ablaufen. Auch die Infusionen berühren die Psyche stark – deshalb sollten sie stationär oder möglichst in aller Ruhe gegeben werden.

Für Diagnose und Behandlung sind oft nicht nur Ohrenärzte zuständig, sondern ebenso Internisten, Neurologen, Zahnärzte und Orthopäden. Aber auch Psychologen und Psychotherapeuten können Aufschluss und Hilfe im Kampf gegen den Lärm im Ohr bringen.

Hilfreich ist auch eine sofortige Ruhigstellung durch Krankschreibung. In dieser Phase sind lange Spaziergänge, Atemübungen und Gymnastik sinnvoll, um ruhiger zu werden.

Um die Krankheit auszuheilen und einen Rückfall zu vermeiden, muss man einen Teil seiner Lebensgewohnheiten ändern. Meisten wird in der Therapie klar, welche Faktoren – Familie, zuhause, Hobby, Freizeit, Beruf – die Krankheit maßgeblich ausgelöst haben.

Schätzen Sie Ihre Belastung bei Ohrgeräuschen richtig ein

- ❍ Sehen Sie privat oder beruflich „schwarz“? Lassen Sie sich durch Erfahrungen „den Blick für etwas trüben“? Sind Sie „blind und taub“ für etwas? Fallen Ihnen noch andere Sprichworte zu Ihrer Erkrankung ein? Was sagen Ihnen diese Volksweisheiten?
- ❍ Betrachten Sie die Welt nur unter einem bestimmten Blickwinkel? Sehen Sie Ihre Vergangenheit, Gegenwart und Zukunft eher durch eine „rosarote Brille“?
- ❍ Haben Sie regelmäßig die verordneten Medikamente eingenommen? Wissen Sie, wie die Medikamente wirken, was Sie von ihnen erwarten können und welche Nebenwirkungen möglich sind?
- ❍ Praktizieren Sie autogenes Training oder andere Entspannungsmethoden?
- ❍ Haben Sie Angst, beruflichen Anforderungen nicht gewachsen zu sein? Fühlen Sie sich gestresst?
- ❍ Müssen Sie Mitarbeitern, Kollegen, dem Chef „in den Ohren liegen“, um sich „Gehör zu verschaffen“?
- ❍ Sind Sie besonders „hellhörig“, wenn es um Fehler Anderer geht?
- ❍ Wie stehen Sie zu Konzepten wie „Mach die Augen und Ohren auf!“, „Sieh dir alles erst mal genau an!“, „Wer nicht hören will, muss fühlen!“?
- ❍ „Gibt es Ereignisse in Ihrem Alltag, die bei Ihnen oder Ihrem Partner (Ehepartner, Eltern, Kindern, Freunden, Bekannten) „ins Auge gehen"? Welche Aktualfähigkeiten sind beteiligt?

- ❍ Glauben Sie nur das, was Sie „mit eigenen Augen" gesehen haben?
- ❍ Welche Ereignisse sind in den letzten fünf Jahren auf Sie zugekommen, dass Ihnen „Hören und Sehen vergangen ist"? Nennen Sie mindestens 10 Ereignisse. Übersehen oder überhören Sie das, was Sie nicht sehen/hören wollen ?
- ❍ Welche Wünsche, von denen Sie schon lange „geträumt" haben, möchten Sie sich erfüllen? Sehen Sie dafür Chancen?
- ❍ Was ist für Sie der Sinn des Lebens (Antrieb, Ziele, Motivation, Lebensplan, Sinn von Krankheit und Tod, Leben nach dem Tod)?
- ❍ Akzeptieren Sie Ihre Beschwerden auch als Chance, bisher nicht erlebte Bereiche (Körper/Sinne, Beruf/ Leistung, Kontakt, Fantasie/Zukunft) zu entwickeln?

Mobbing: Anderen die Schuld in die Schuhe schieben

Von der Krähe und dem Pfau

Im Park des Palastes ließ sich eine schwarze Krähe auf den Ästen eines Orangenbaumes nieder. Auf dem gepflegten Rasen stolzierte ein Pfau. Die Krähe krächzte: „Wie kann man einem so merkwürdigen Vogel gestatten, diesen Park zu betreten. Er schreitet so arrogant, als wäre er der Sultan persönlich, und dabei hat er doch ausgesprochen hässliche Füße. Und sein Gefieder, in was für einem hässlichen Blau! Eine solche Farbe würde ich nie tragen. Seinen Schweif zieht er hinter sich her, als wäre er ein Fuchs." Die Krähe hielt inne und schwieg abwartend. Der Pfau sagte eine Zeitlang gar nichts, dann begann er wehmütig lächelnd: „Ich glaube, deine Aussagen entsprechen nicht der Wirklichkeit. Was du an Schlechtem über mich sagst, beruht auf Missverständnissen. Du sagst, ich sei arrogant, weil ich meinen Kopf aufrecht trage, sodass meine Schulterfedern sich sträuben und ein Doppelkinn meinen Hals verunziert. In Wirklichkeit bin ich alles andere als arrogant. Ich kenne meine Hässlichkeiten, und ich weiß, dass meine Füße ledern und faltig sind. Gerade dies macht mir soviel Kummer, dass ich meinen Kopf hoch trage, um meine hässlichen Füße nicht zu sehen. Du siehst nur meine Hässlichkeiten. Vor meinen Vorzügen und meiner Schönheit verschließt du die Augen. Ist dir das nicht schon aufgefallen? Was du hässlich nennst, bewundern die Menschen an mir.“ (Nach P. Etessami, persische Dichterin)

Mein Kollege hetzt gegen mich (Ein Geschäftsführer)

Unter Mobbing am Arbeitsplatz versteht man eine konfliktbeladene Kommunikation unter Kollegen oder zwischen Vorgesetzten und Untergebenen mit dem Ziel und/oder dem Effekt, den Angegriffenen auszustoßen.

Neueren Untersuchungen zufolge ist Mobbing kein Einzelphänomen, sondern kommt auf allen Ebenen der Organisation häufig vor, mit schwerwiegenden Folgen für den Betroffenen. Typische Stresssymptome zeigen sich schon nach wenigen Tagen, psychisch kommt es zu Gereiztheit, geistiger Erschöpfung und verstärkter Nervosität. Je nach Persönlichkeitsstruktur des Betroffenen kommt es zu Gefühlen der Bedrohung, Verfolgung und Unfähigkeit bis hin zu einem erhöhten Suizidrisiko. Die Symptome können chronisch werden und zu schwer therapierbaren Persönlichkeitsstörungen führen.

Formen von Mobbing: Behinderung der Kontakte, systematische Isolierung, Wegnahme von Arbeit oder Zuweisung schlechterer Arbeit, Angriffe auf das Ansehen, Anwendung von Gewalt, sexuelle Belästigung.

Oft sind Mobbingsituationen auch die Ursache für die viel zitierte „innere Kündigung“. Anzeichen dafür sind zum Beispiel: Arbeiten nach Vorschrift, mangelnde Arbeitsqualität gepaart mit geringer Arbeitsquantität, distanzierter Umgang mit Kollegen, Gleichgültigkeit gegenüber Kundenwünschen und Reklamationen, hohe Fehlzeiten, passive Haltung in Besprechungen, keine Bereitschaft zur Information von Vorgesetzten und Kollegen, Verweigerung von Mehrarbeit und Vertretung von Kollegen, Abwälzen von Aufgaben und Verantwortung auf Andere. Wenn sich in einer Abteilung oder an einem Arbeitsplatz die Symptome häufen, dann ist es an der Zeit – auch für die Vorgesetzen – zu reagieren.

Höflichkeit und Ehrlichkeit als Schlüsselkonflikt

Für den Betroffenen spielen bei Mobbing inhaltlich Gerechtigkeit, Höflichkeit und Ehrlichkeit eine zentrale Rolle. Höflichkeit und Ehrlichkeit sind die Grundlage für die Kommunikation innerhalb jeder zwischenmenschlichen Beziehung. Höflichkeit bedeutet, die konventionellen Formen der zwischenmenschlichen Beziehungen anzuerkennen, eigene Bedürfnisse und Interessen gegenüber den Bedürfnissen und Interessen der Anderen zu vernachlässigen und schließlich Aggression sozialbezogen zu hemmen. Ehrlichkeit dagegen bedeutet, sich für eigene Interessen und Bedürfnisse einzusetzen, auch gegen die Interessen Anderer.

Um die Konfliktlage des Patienten und seine Kommunikationsmöglichkeiten zu erfassen, werden seine Erfahrungen und seine Einstellungen gegenüber Höflichkeit-Ehrlichkeit abgetastet und durch konkrete Situationen belegt. Es zeigen sich in diesem Zusammenhang drei typische Reaktionsformen, die im Wesentlichen mit den drei Reaktionstypen übereinstimmen.

Der Höfliche hält aus Rücksicht auf Andere mit seiner Meinung hinter dem Berg: „Das kann ich doch nicht sagen." Auf der anderen Seite hegt er die Erwartung, dass die Anderen ihm seine Wünsche von den Augen ablesen: „Das können die sich doch denken." Die enttäuschten Erwartungen sammeln sich hinter der Maske der Höflichkeit und äußern sich darin, dass der Höfliche sich zurückzieht oder psychosomatische Beschwerden entwickelt. „Die hätten sich doch denken können, dass ich mich dafür interessiere. Statt dessen denken sie nur an sich; mit solch egoistischen Menschen kann ich nicht zusammenleben."

Es gehört manchmal mehr Mut dazu, seine Meinung zu ändern, als ihr treu zu bleiben.
Friedrich Hebbel

Der Ehrliche sagt seine Meinung gerade heraus, sagt, was er denkt, gleichgültig, ob er seinen Partnern damit auf die Füße tritt oder nicht: „Ich habe ihm meine Meinung gesagt. Wenn er das nicht verträgt, kann er mir gestohlen bleiben." Er drückt seine Interessen durch und gilt daher als Egoist. Von seiner Umgebung wird seine Ehrlichkeit unter Umständen sogar geschätzt. Häufiger ist jedoch das Unverständnis der Anderen, die sich durch den „Egoismus" brüskiert fühlen. Die Folge davon können Trotz und Schuldgefühle sein: „Ich denke gar nicht daran, ein O zu einem U zu machen. Was wahr ist, muss wahr bleiben."

Der Wankelmütige pendelt zwischen Höflichkeit und Ehrlichkeit, zwischen Aggression und Schuldgefühlen: „Es tut mir Leid, dass ich so schonungslos mit ihm umgegangen bin. Ich weiß

nicht, wie ich es wieder gutmachen kann." „Die längste Zeit habe ich nichts gesagt und alles in mich hineingeschluckt. Jetzt ist mir aber der Geduldsfaden gerissen, und ich habe ihm Wort für Wort gesagt, was ich von ihm denke." Die Ambivalenz kann sich auf verschiedene Aktualfähigkeiten verteilen: „Wenn meine Frau zu spät kommt, blase ich ihr sofort den Marsch. Aber als ich jetzt gehört habe, dass sie einen Freund hat, brachte ich kein Wort heraus."

Für die Demotivation am Arbeitsplatz werden oft private Probleme vorgeschoben statt Mobbingsituationen.

Dieses Verhältnis kann sich in der Beziehung zu verschiedenen Personen unterschiedlich gestalten. „Vor seinem Chef duckt er, aber Sie sollten ihn mal zu Hause sehen."

Der von Mobbing Betroffene muss kommunikative Fähigkeiten entwickeln wie: Annehmen und ablehnen, einfordern und delegieren sowie sich verstanden und angenommen fühlen. Wichtig ist es auch, Kommunikationsstörungen zu erkennen, ihre Bedingungen und Ursachen zu erfassen sowie die beteiligten Missverständnisse und Konzepte wahrzunehmen und womöglich die Störungen zu beheben.

Der „Sender" ist aktiv gerecht, ehrlich und offen, es fehlt ihm das Gefühl für Takt und Umgangsformen. Der „Empfänger" ist passiv gerecht, höflich und kann mit Ungerechtigkeit und Überraschungen nicht offen und angemessen umgehen.

In einer Mobbing-Situation spielen die drei Reaktionstypen eine wichtige Rolle, wobei im Rahmen der Auseinandersetzung neben dem Schlüsselkonflikt Höflichkeit-Ehrlichkeit auch die anderen beteiligten Aktualfähigkeiten wie z. B. Sparsamkeit, Pünktlichkeit, Ordnung und besonders Gerechtigkeit wichtig sind.

Sowohl der Sender, also der oder diejenigen, die Mobbing durchführen, als auch der Empfänger haben einen überbetonten Gerechtigkeitssinn. Beim „Sender" ist der aktive Teil der Gerechtigkeit überbetont. Er fühlt sich verantwortlich und berechtigt, seine Handlungen mit aller Macht und Kraft und Zeitaufwand durchzuführen und sich offen und ehrlich und öffentlich zu äußern. Der „Empfänger" ist ein passiver Gerechtigkeitstyp, der überempfindlich und unangemessen auf Ungerechtigkeiten, Rivalitäten und Machtkämpfe reagiert und ein Gefühl der Schwäche entwickelt.

Er glaubt, unberechtigt angegriffen worden zu sein. Er ist nicht in der Lage, seine Empfindungen angemessen und offen zu verbalisieren, es fehlt ihm an Durchsetzungsvermögen.

Die Aktualfähigkeit Offenheit/Ehrlichkeit

Hiermit ist die Fähigkeit gemeint, offen seine Meinung zu äußern, eigene Bedürfnisse oder Interessen mitzuteilen und Informationen zu geben. Auch Wahrhaftigkeit und Redlichkeit zählen zur Ehrlichkeit. Ehrlichkeit in einer partnerschaftlichen Beziehung gilt als Treue, in der sozialen Kommunikation als Offenheit und Aufrichtigkeit. In dem Alter, in dem das Kind zu sprechen beginnt, kann es noch nicht klar zwischen Vorstellungen und Wirklichkeit unterscheiden. Versteht der Erwachsene die Erlebnislogik des Kindes nicht und bestraft sie als Lüge, kann bereits hier eine Erziehung zur Unehrlichkeit erfolgen.

Sprachbilder: Frisch und frei von der Leber weg; kein Blatt vor den Mund nehmen; reinen Wein einschenken; reden, wie einem der Schnabel gewachsen ist; alles herunterschlucken; mit seiner Meinung hinter dem Berg halten.

Schätzen Sie Offenheit richtig ein

- Wer von Ihnen kann seine Meinung offener sagen?
- Haben oder hatten Sie Probleme mit sich oder Ihrem Partner wegen Unehrlichkeit und in welchen Situationen?
- Wie reagieren Sie, wenn jemand Sie belügt? Erinnern Sie sich an Situationen, in denen das passiert ist?
- Sind Sie mit der Wahrheit großzügig oder eher übergenau, gebrauchen Sie ab und zu Notlügen?
- Erzählen Sie Anderen viel oder wenig von sich selbst?

So können Sie Ihr Verhalten ändern

Sagen Sie das, was Sie für richtig halten, aber sagen Sie es so, dass es den Partner nicht verletzt. Manche Menschen, die Ihnen jetzt Ihre Offenheit übel nehmen, werden Ihnen später dafür dankbar sein. Auch wenn es Ihnen vielleicht nicht schwer fällt, in der Partnerschaft ehrlich zu sein, ist es im Beruf, wenn es beispielsweise um Geld geht, nicht mehr so leicht. Man wendet zumeist nicht in allen Lebensbereichen die gleichen Maßstäbe der Ehrlichkeit an.

Beobachten Sie, bei welchen Aktualfähigkeiten und in welchen Situationen und wem gegenüber Ihnen Ehrlichkeit schwer fällt.

Die Aktualfähigkeit Höflichkeit

Gemeint ist die Fähigkeit, zwischenmenschliche Beziehungen zu gestalten. Ihre Erscheinungsformen sind Benehmen, in denen gesellschaftliche Verhaltensregeln anerkannt werden, wie Rücksicht, Achtung vor dem Partner und sich selbst, Bescheidenheit.

Höflichkeit als Zurückstellung der eigenen Interessen und Bedürfnisse ist eine sozial begründete Aggressionshemmung

Für den Erwerb von Höflichkeit spielen das Lernen am Modell (zumeist am Modell der Eltern) und das Lernen am Erfolg (der eigenen Verhaltensweisen) eine Rolle. Die Reaktion der Eltern auf scheinbar unhöfliches Verhalten der Kinder wiegt schwer. Die Art der zu erlernenden Höflichkeit wird zu einem wesentlichen Teil von der Kultur und den Normen der sozialen Schicht bestimmt, der man angehört.

Schätzen Sie Höflichkeit richtig ein

Sprachbilder:
Sich anständig benehmen; wissen, was sich schickt; auf Manieren und Umgangsformen achten; die gute Kinderstube; ritualisierte Höflichkeit; Unfähigkeit, Nein zu sagen.

- ❍ Wer von Ihnen legt mehr Wert auf Höflichkeit, auf Rücksicht und gutes Benehmen?
- ❍ Was empfinden Sie, wenn Ihr Partner nicht die erwartete Höflichkeit oder Rücksichtnahme zeigt?
- ❍ Sind Ihre Reaktionen dann situationsbezogen anders?
- ❍ Sind Sie mehr höflich oder ehrlich?
- ❍ Achten Sie sehr darauf, was die Anderen über Sie sagen?
- ❍ Schlucken Sie lieber den Ärger in sich hinein als gute Beziehungen aufs Spiel zu setzen?
- ❍ Wer von Ihren Eltern legte mehr Wert auf gutes Benehmen?

Wie können Sie sich verhalten?

Höflichkeit formt nicht selten die Kontakte. Statt „Los, gib her!" ist es besser, „Würdest du bitte ...?" zu sagen. Was würden Sie sagen, wenn Ihr Partner Sie in gleicher Weise behandeln würde, wie Sie es mit ihm tun? In Bezug auf welche Bereiche und wem gegenüber sind Sie besonders höflich? Es lohnt sich, sich auf seine Höflichkeitslücken hin zu kontrollieren.

Die Aktualfähigkeit Gerechtigkeit

Gemeint ist hier die Fähigkeit, im Verhältnis zu sich selbst und Anderen gegenüber Interessen abzuwägen. Als ungerecht empfindet man dabei eine Behandlung, die von persönlicher Zu- und Abneigung oder Parteinahme statt von sachlichen Überlegungen diktiert wird. Der gesellschaftliche Aspekt dieser Aktualfähigkeit ist die soziale Gerechtigkeit. Die Art, wie Bezugspersonen ein Kind behandeln, wie gerecht sie zu ihm, zu seinen Geschwistern und zueinander sind, prägt das individuelle Bezugssystem für die Gerechtigkeit.

Jeder Mensch besitzt einen Gerechtigkeitssinn.

Schätzen Sie Gerechtigkeit richtig ein

- ❍ Wer von Ihnen legt mehr Wert auf Gerechtigkeit?
- ❍ Wer von Ihnen ist in welchen Situationen wem gegenüber ungerecht?
- ❍ Halten Sie Ihren Partner vor den Kindern, den Schwiegereltern, den Mitmenschen, Ihnen selbst gegenüber für gerecht?
- ❍ Wie reagieren Sie, wenn Sie von Jemandem ungerecht behandelt werden?
- ❍ Haben Sie oder hatten Sie jemals Probleme mit Ungerechtigkeiten?
- ❍ Wurde bei Ihnen jemand bevorzugt?
- ❍ Wer von Ihren Eltern achtete bei Ihnen oder Ihren Geschwistern gegenüber mehr auf Gerechtigkeit?

Sprachbilder: Angemessen; wohlverdient; sachlich; unbefangen; unberechtigt; sich benachteiligt fühlen; übertriebener Gerechtigkeitssinn; Selbstgerechtigkeit; Überempfindlichkeit; Ungerechtigkeit; Vergeltung.

So können Sie Ihr Verhalten ändern

Gerechtigkeit ohne Liebe sieht nur die Leistung und den Vergleich – Liebe ohne Gerechtigkeit verliert die Kontrolle über die Wirklichkeit. Lernen Sie die Gegensätze zu vereinigen: Gerechtigkeit und Liebe. Zwei Menschen gleich zu behandeln, das bedeutet immer, dass Sie einen der beiden ungerecht behandeln werden.

Positiver Umgang mit Mobbing – die Krähe und der Pfau

Der 52-jährige Geschäftsmann, Herr K., war sportlich gekleidet, wirkte offen und war sehr bemüht, eine glänzende und schillernde Atmosphäre in meiner Praxis zu verbreiten.

Das erste Gespräch: Herr K.: „Ich bin am Ende. Schlaflosigkeit, Kopfschmerzen, Magenschmerzen, Depressionen und das Gefühl, nicht mehr abschalten zu können, machen mich ganz fertig. Vor vier Jahren habe ich nach einer Verhandlung, in der mein Kollege einen Geschäftspartner und mich diffamierte, abgebaut und war danach krank. Diese Fehlzeiten bekomme ich nun in der übelsten Art und Weise vorgehalten, und mein Kollege hat eine regelrechte Hetzkampagne gegen mich gestartet."

Therapeut: „Ihre Beschwerden zeigen, dass Sie ein sehr wachsamer und aufmerksamer Mensch sind und sich über Lösungen für die Probleme, die Ihnen im Magen liegen, Gedanken machen. Ihre Depression zeigt, dass Sie auf die Probleme mit tiefster Emotionalität reagieren. Sind Sie mit Ihrer jetzigen beruflichen Situation zufrieden?"

Herr K.: „Ich bin Geschäftsführer in einem mittelständischen Industriebetrieb und zuständig für den kaufmännischen Bereich. Meine Arbeit habe ich immer engagiert und erfolgreich und in allerbestem Einvernehmen mit den Gesellschaftern getan, bis nach einem Gesellschafterwechsel. Mit dem verbliebenen Kollegen gibt es ständig Ärger. Er redet hinter meinem Rücken schlecht über mich und macht meine Entscheidungen rückgängig, indem er den Mitarbeitern sagt, er allein habe das Sagen in der Firma. Er hat mir bei Androhung der fristlosen Kündigung verboten, mit den anderen Gesellschaftern darüber zu reden."

Therapeut: „Fühlen Sie sich missverstanden und ungerecht behandelt? Was bedeutet Gerechtigkeit für Sie?"

Herr K.: „Ich kann doch wohl erwarten, dass mein Kollege fair mit mir umgeht, zumal ich immer loyal war. Ich fühle mich tatsächlich ungerecht behandelt."

Therapeut: „Was ist in den letzten fünf Jahren alles auf Sie zugekommen, gesundheitlich, beruflich, familiär und gesellschaftlich?"

Herr K.: „Meine jetzige berufliche Position habe ich seit sechs Jahren, und seit einem halben Jahr weiß ich, dass der Kollege meinen Vertrag nicht verlängern will. Das Mobbing im Beruf macht mir zu schaffen und führt zu körperlichen Beschwerden. 1990 starb plötzlich mein Vater. Als einziges seiner drei Kinder hat er mich enterbt, dabei habe ich meinen Eltern keinerlei Anlass zu einer solchen Maßnahme gegeben. Als ich dies meiner Mutter gegenüber ansprach, reagierte sie sehr böse, hat mich des Hauses verwiesen und ist seither unversöhnlich. Das Verhältnis zu meinen Geschwistern ist nach wie vor gut. 1990 wurde ich geschieden. Meine Tochter verweigert jeglichen Kontakt zu mir. 1991 habe ich wieder geheiratet. Mit meiner zweiten Frau verstehe ich mich gut, und wir haben einen guten Kontakt zu ihren beiden Töchtern, von denen diejüngere bis vor kurzem bei uns lebte."

Therapeut: „Machen Sie sich Gedanken um Ihre Zukunft?"

Herr K.: „Ja, sicher! Ich muss ja noch ein paar Jahre arbeiten, ehe ich in Rente gehen kann, und das schlechte Betriebsklima macht das fast unmöglich. Ich habe meine jetzige Position nur angenommen, nachdem mir mein alter Arbeitsplatz im Falle einer Kündigung oder Nichtverlängerung des Geschäftsführervertrages vertraglich gesichert war, aber das tägliche Arbeitsklima ist die Hölle."

Herr K. berichtete weitere Einzelheiten über die Ungerechtigkeiten seines Kollegen, und ich erzählte ihm daraufhin die Geschichte „Von der Krähe und dem Pfau".

Herr K.: „Wollen Sie damit sagen, ich sehe an meinem Kollegen nur die schlechten Seiten?" – „Meine Frau meint auch manchmal, dass ich mir mit meiner direkten Art selbst das Leben schwer mache, weil ich Andere damit vor den Kopf stoße."

Ich bat Herrn K., zur nächsten Sitzung seine Frau mitzubringen.

Therapieverlauf:

Therapeut: „Frau K., was meinen Sie, welche Fähigkeit bei Ihrem Mann stärker ausgeprägt ist, Höflichkeit oder Ehrlichkeit?"

Frau K.: „Mein Mann ist sehr geradeaus und manchmal verletzend ehrlich. Ich finde schon, es wäre für ihn besser, wenn er seine Worte besser kontrollieren würde. Auf der anderen Seite reagiert er überempfindlich auf offene Worte von Anderen, das passt doch nicht zusammen. Dadurch ist die Situation in der Firma ziemlich verfahren, und alle leiden darunter."

Der Therapeut zeigt beiden ein Bild von zusammengebundenen Eseln: „Was fällt Ihnen spontan ein, wenn Sie dieses Bild sehen?"

Frau K. deutet auf die zwei zusammengebundenen Esel, die in entgegengesetzte Richtung streben: „Das trifft auf meinen Mann und seinen Kollegen zu!"

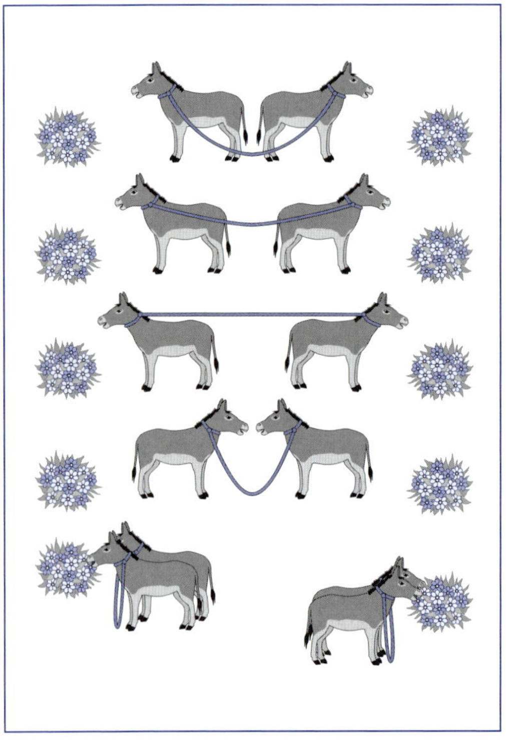

Die zwei zusammengebundenen Esel: Nur gemeinsam kommen sie zum Ziel.

Herr K. betrachtet das Bild längere Zeit: „Wenn ich mit auf seine Seite gehe, wie kriege ich ihn dazu, auch auf meine Seite zu gehen? Aber davon mal abgesehen, trifft dieses Bild auf jede menschliche Interaktion zu."

In der nächsten Sitzung berichteten beide, dieses Bild habe sie sehr zum Nachdenken angeregt, sie hätten es häufig vor Augen, und es würde sie daran erinnern, anders miteinander umzugehen. Ich empfahl dem Ehepaar eine Partnergruppe einzurichten und riet ihnen, Geschichten aus dem Buch „Der Kaufmann und der Papagei" zu lesen.

Zur nächsten Sitzung kam Herr K. sehr nachdenklich. Ich fragte ihn: „Wieviel Geschichten haben Sie gelesen?"

Herr K.: „Keine, aber meine Frau hat mir unter anderem die folgende Geschichte vorgelesen."

Der Gelehrte und der Kameltreiber

In einer Karawane, die durch die Wüste zog, befand sich ein gelehrter Prediger, der so klug war, dass er 70 Kamele mit sich führte, jedes bepackt mit schweren Kästen. In ihnen befand sich nichts Anderes als die Bücher des Gelehrten über die Weisheiten der Vergangenheit und Gegenwart. Die Bücher waren nur ein kleiner Tropfen des Wissens, das der Prediger in seinem Kopf herumtrug. Mit der Karawane zog auch ein armer Kameltreiber, von dem bekannt war, dass er glaubte, der letzte Imman (der neue Prophet) sei gekommen. Es musste so kommen, dass der Prediger eines Tages den Kameltreiber zu sich rufen ließ: „Du weißt, wie ich unter den Gelehrten unseres Landes und der ganzen Welt bekannt bin. Du siehst die 70 Kamele, die nur einen Schatten meines Wissens mit sich führen. Wie kommt es, dass du, ein einfacher Kameltreiber mit zerlumpten Kleidern, der du noch nicht einmal die einfache Kunst des Schreibens und Lesens beherrschst und noch nie eine richtige Schule, geschweige eine Akademie besucht hast, zu glauben wagst, der letzte Imman sei gekommen?" Der Kameltreiber stand bescheiden vor dem vornehmen Herrn, verneigte sich höflich und begann: „Effendi, Herr! Ich hätte es nie gewagt, vor dich zu treten und meine dürftigen Worte an dich zu richten. Aber nun hast du mich gefragt. Ich darf versuchen, das, was ich denke, mit einem armseligen Beispiel zu zeigen. Herr! Du verfügst über wunderbare Kostbarkeiten des Wissens, die ich mit den glänzenden Perlen des Meeres vergleichen möchte. Diese Perlen sind so kostbar, dass sie, in weiche Samttücher gehüllt, in einer kunstvoll verzierten Truhe aufbewahrt werden müssen. Mein Wissen dagegen ist wie diese gewöhnlichen Steine, auf die unser Fuß in der Wüste tritt. Denk dir, die Sonne geht auf. Sie sendet ihre Strahlen zu uns. Herr, meine Frage an dich: Wer nimmt die Sonnenstrahlen auf und spiegelt ihren Schein? Deine kostbaren Perlen in ihren Gefängnishüllen oder meine dürftigen Steine am Rande des Weges?« (Persische Geschichte)

Problembewältigung aus der Sicht von Herrn K.

Frau K. berichtet: „Die Geschichte Der Pfau und die Krähe hat viel Gutes bewirkt. Uns beiden ist klar geworden, dass er viele gute Gedanken und Vorstellungen über die Firma hat. Er war aber in seinem Verhalten sehr direkt, ja manchmal grob und alles andere als bescheiden. Diese Geschichte hat ihm geholfen, das zu erkennen, und eine andere Art zu finden, seine Gedanken vorzubringen."

Es kommt nicht darauf an, mit dem Kopf durch die Wand zu gehen, sondern darauf, mit den Augen die Tür zu finden.
Werner von Siemens

Herr K.: „Mein Kollege hat mir öfters vorgeworfen, ich würde den Chef spielen. Ich sei aber letztlich immer noch, wie jeder andere, nur ein ganz normaler Angestellter und der Titel täte nichts zur Sache. Das hat mich so geärgert, da habe ich rot gesehen. Jetzt erkenne ich, dass ich meinte, er müsse auf alle meine Vorstellungen eingehen, so als hätte ich die ganze Weisheit auf meiner Seite. Ich muss auch immer wieder an das Bild mit den Eseln denken und versuche, mit den Mitarbeitern anders umzugehen. Meine Frau hat ganz Recht, mir fehlten Bescheidenheit und Teamgeist."

Problembewältigung aus der Sicht des Therapeuten

Herr K. gewann Einsicht in seinen Konflikt und erlernte, seinen Gerechtigkeitssinn zu kontrollieren. Seine Erkenntnisse sollte er in der Firma umsetzen und als „Therapeut" für die anderen Mitarbeiter aktiv werden. Mit den Ehepartnern wurde die Fähigkeit trainiert, die zwischenmenschlichen Beziehungen zu gestalten. Dabei spielte die Beteiligung der Ehefrau eine zentrale Rolle.

Kränkung macht krank, und Krankheit kränkt.

Die inhaltliche Arbeit mit den beteiligten Aktualfähigkeiten Höflichkeit, Ehrlichkeit und Gerechtigkeit gab Herrn K. die Möglichkeit, seinen Grundkonflikt zu erkennen und neue Verhaltensalternativen zu entwickeln. Damit wurden über die rein kognitive Arbeit hinaus die emotionalen Bereiche angesprochen, so beispielsweise der Umgang mit eigener und entgegengebrachter Aggression.

Das Ehepaar lernte, eine Partnergruppe einzurichten und darin über ihre beruflichen und familiären Probleme im Sinne einer Beratung zu sprechen. Dies wirkte bei Herrn K. im Sinne eines Modells, in der Firma ebenfalls eine Gruppe einzurichten, in der im Team die anfallenden Aufgaben und Anforderungen besprochen wurden. Dabei wirkte das Bild von den Eseln als Mediator.

Chronisches Müdigkeits- und Erschöpfungssyndrom überwinden

Steter Tropfen höhlt den Stein

Die Mammutbäume überleben Generationen von Menschen. Kein Sturm, kein Hagel, kein Blitzschlag kann ihnen etwas anhaben. Ja, selbst Feuer und Erdbeben haben sie überstanden. Sie stehen ganze Jahrhunderte und trotzen den Unbilden der Natur in ihrer mächtigen Gestalt. Es scheint, als könne nichts diese Giganten zu Fall bringen. Doch es gibt kleine, winzige Insekten, die Termiten, die kommen und beginnen, den Baum mit winzigen Bissen nach und nach zu zerfressen. Und schließlich schaffen diese vielen kleinen Winzlinge das, was keine Naturkatastrophe vermag. Sie bringen den Riesen zu Fall.

Was ist das chronische Müdigkeitssyndrom?

Der Unterschied zwischen körperlichen und seelischen Erkrankungen hat tiefere Wurzeln. In der Medizin herrschen klare Verhältnisse: Entweder erhält man einen Befund, oder man erhält keinen: Entweder ist man krank, oder man ist gesund. Entweder hat ein Patient Zucker oder nicht. Entweder ist eine Frau schwanger oder nicht, denn ein „bisschen schwanger" gibt es nicht. In der Psychologie und Psychotherapie sieht dies etwas anders aus. Wir haben hier nicht die Entscheidung entweder-oder, sondern eine Vielzahl von graduellen Abstufungen, die von gesund bis krank reichen. Jeder von uns hat seine Vorzüge und Schwächen, sodass man ohne weiteres mit einem bekannten Schweizer Psychiater sagen kann: „Jeder hat sein Neurösli".

Jeder von uns hat seine eigenen Probleme und Konflikte.

Ich leide unter ...

Ich leide unter ständiger Müdigkeit, Erschöpfung nach geringsten Belastungen, Abgeschlagenheit, starker Nervosität und Gereiztheit. Weiterhin leide ich unter einer schleichend aufgetretenen Müdigkeit und Leistungsschwäche. Sportliche Betätigungen wie der frühere Marathonlauf sind nicht mehr möglich. Außerdem leide ich unter vermehrtem Schwitzen, Schwindelgefühlen, Schlafstörungen, Kopfschmerzen sowie Gedächtnis- und Konzentrationsstörungen. Die eigentlichen Beschwerden fingen im Januar 2001 an. Es plagten mich ständige Müdigkeit und körperliche Erschöpfung, nachdem ich eine Trainingspause von 2 Monaten eingelegt hatte. Meine allgemeine Belastung ist auf null gesunken und das Gefühl der Leere tritt immer häufiger auf. Aufgaben, die ich mit viel Interesse und Elan wahrgenommen habe, sind mir jetzt immer gleichgültiger geworden. Gespräche sind für mich eine Qual geworden, da ich häufig den Diskussionen nicht mehr folgen kann. Ich bin depressiv, erschöpft, überlastet und unsicher. Ich neige zum Grübeln über meine Beschwerden und deren Ursachen. Ich habe richtige Antriebsstörungen und habe keine Zukunftsperspektive mehr (Spontanangaben einer 38-jährigen Führungskraft).

Was ist das chronische Müdigkeitssyndrom, auch Chronisches Fatigue-Syndrom genannt (CFS)? Leiden CFS-Kranke an Depressionen und anderen psychologischen Störungen? Haben sie die klassischen Anzeichen für Depressionen? Sind Depressionen die Folge von CFS? Ist CFS vor allem ein psychiatrisches Leiden? Sind die Symptome gewöhnlich in Depressionen, Erschöpfungen und Überlastungen begründet? Ist CFS eine wirkliche Krankheit?

Die Beantwortung dieser Fragen fällt häufig schwer. Obwohl es erst in der letzten Zeit häufiger Veröffentlichungen über das

Das Chronische Müdigkeitssyndrom macht die Arbeit zur Qual.

Chronische Müdigkeitssyndrom gibt, handelt es sich nicht um eine neue Erklärung – sie wird in der medizinischen Literatur schon seit etwa 60 Jahren beschrieben.

Müdigkeit und Erschöpfung kennt Jeder, ob gesund oder krank. Es kann Ausdruck einer körperlichen oder einer seelischen Erkrankung sein oder im Zusammenhang mit einer Tumorerkrankung erlebt werden. Die lähmende Erschöpfung und Antriebslosigkeit wird Fatigue genannt. Die Zerschlagenheit und Erschöpfung, die das Leben vieler Menschen erschwert, unterscheidet sich deutlich von der normalen Erschöpfung nach großer Anstrengung. Rechtschaffen müde zu sein, empfinden die meisten nicht als unangenehm, zumal dieser Zustand nach ausreichend Ruhe und Schlaf wieder verschwindet.

Bei Patienten, die unter Fatigue leiden, versagt dieser Erholungsmechanismus. Sie fühlen sich, ohne vorhergehende Anstrengung, auch nach langen Schlaf- und Ruhepausen wie gerädert. Es ist für Ärzte, Therapeuten, Familie und Kollegen oft schwer zu verstehen, dass sogar noch längere Zeit nach der Behandlung viele der Betroffenen kraftlos und schwer in den normalen Alltag einzugliedern sind.

Unterschiedliche Reaktionen

Bei Chemotherapie etwa leiden weit über 50 Prozent der Behandelten unter Fatigue, bei manchen Therapieformen sogar fast alle. Die Schwäche kann solche Ausmaße annehmen, dass die Behandlung unterbrochen werden muss.

Eine Befragung unter Patienten, wie sehr Fatigue ihr Leben beeinflusst, ergab die folgenden Angaben:

	Beeinträchtigung in %
Arbeitsfähigkeit	61
Körperliches Wohlbefinden	60
Lebensfreude	57
Emotionale Ausgeglichenheit	51
Intimität mit dem Partner	44
Fähigkeit, für die Familie zu sorgen	42
Beziehungen zu Familien und Freunden	38

Es wird unterschieden zwischen physischer, mentaler und emotionaler Erschöpfung. Bei der physischen Form fällt es dem Betroffenen extrem schwer, gewohnten täglichen Aktivitäten nachzukommen. Mentale Fatigue umfasst das Unvermögen, sich zu konzentrieren und klar zu denken. Emotionale Müdigkeit umschreibt eine zunehmende Depression und verminderte Motivation.

Ursachen der Erschöpfung

Meist entsteht Fatigue dann, wenn im Blut zu wenig rote Blutkörperchen (Erythrozyten) vorhanden sind, also eine Anämie oder Blutarmut vorliegt. Anzeichen sind neben ständiger Müdigkeit und Blässe Beschwerden wie Kurzatmigkeit, Herzjagen, Ohrensausen, Schwächegefühl in Armen und Beinen, Schlafprobleme, Konzentrationsschwierigkeiten.

Bekanntlich ist es die Aufgabe der roten Blutkörperchen, Sauerstoff aus den Lungen bis zu den Muskeln und Organen zu transportieren, ohne den dort keine Funktion möglich ist. Die Erythrozyten enthalten das rote Hämoglobin, dem unser Blut seine Farbe verdankt. Es kann auch sein, dass die Nieren zu wenig Erythropoetin bilden, ein Hormon, das für die Entwicklung der roten Blutzellen eine große Rolle spielt. Auch Blutungen, Mangelernährung, Vitamin- oder Eisenmangel können zu einer Anämie führen.

Fatigue: Die Bezeichnung kommt aus dem Französischen, bedeutet Ermüdung, Mattigkeit und fand auch Eingang in die englische Sprache.

So entsteht das CFS

Nach dem derzeitigen Wissensstand handelt es sich bei dem Chronischen Müdigkeitssyndrom um eine komplexe Regulationsstörung, in deren Zentrum eine Störung unseres Immunsystems steht. Diese Störung kann sowohl angeboren als auch erworben sein. Erwerben kann man einen Immundefekt durch Infektionen, Umweltgifte und auch durch persönlichen Stress.

Fatigue ist keine eigene Krankheit, sondern ein Symptom oder eine Anzahl von Symptomen, ein Syndrom.

Fatigue ist ein Bestandteil der gesundheitsbezogenen Lebensqualität und eines der Hauptsymptome (Antriebsmangel, Interessenlosigkeit, erhöhte Ermüdbarkeit), depressiver Störungen. Die lang anhaltende Erschöpfung kann zur Depression führen, andererseits ist die Fatigue Teil einer depressiven Episode. Aus der Untersuchung von chronischen Erschöpfungszuständen ohne Tumorerkrankungen (Chronic Fatigue Syndrom oder Neurasthenie) wissen wir, dass nur bei ca. 50 Prozent dieser Patienten eine psychische Störung (Depression, Angststörung) nachweisbar ist. Chronische Fatigue ist hier ein eigenständiges Krankheitsbild.

Der häufig gehörte Ratschlag zu ruhen ist unangepasst.

Ein chronisches Fatiguesyndrom, das Lebensqualität und berufliche Leistungsfähigkeit erheblich einschränkt, ist auch bei Menschen ohne Krebserkrankung bekannt. Ursächlich werden hier Folgen nach Viruserkrankungen, hormonelle Störungen und psychosomatische Reaktionen diskutiert. Um das Ausmaß und die Häufigkeit der Fatiguestörung zu beurteilen, muss das subjektive Urteil der Patienten erfragt werden. Ein solcher Fragebogen sollte die Lebensaspekte Hoffnung, Balance und Beratung mit einbeziehen.

Bewegungsmangel und körperliche Ruhe fördern weiteren Muskelabbau und verringern die Leistungsfähigkeit. Stattdessen sollte frühzeitig ein moderates körperliches Training begonnen werden.

Bei zunächst noch geringer Leistungsfähigkeit wird das Trainingsprogramm von zunächst kurzen Trainingseinheiten von drei Minuten mehrfach täglich kontinuierlich auf bis zu zweimal 30 Minuten täglich ausgedehnt. Dieses so genannte aerobe Training mit geringer Belastung hat positive Auswirkungen auf Herz-

Kreislauf-Funktionen, Besserung der Anämie, Stärkung des Immunsystems, Abnahme der Fatigue und depressiver Reaktionen sowie Steigerung von mentalen Leistungen.

Regelmäßiges leichtes Ausdauertraining ist ein idealer Ansatz zur Beeinflussung des multikausalen Fatiguesyndroms.

Bei Patienten mit Ängsten, Depressionen und Schwierigkeiten bei der Krankheitsverarbeitung können gezielte Entspannungsverfahren und die fünf Stufen der Positiven Konfliktbewältigung einbezogen werden.

CFS – ein Syndrom mit vielen Gesichtern

Depressionen, Ängste, Hoffnungslosigkeit, soziale Isolierung, Einseitigkeiten im Beruf und Bewegungsmangel können wir als wichtige Faktoren von CFS betrachten. Unter depressiver Entwicklung verstehen wir die Folge einer ganzen Reihe von Schicksalsschlägen und Mikrotraumen, die zusammengenommen und nach dem Motto „Steter Tropfen höhlt den Stein!“ wirken (ungewöhnliche und fortwährende Härte des Lebensschicksals in Form zum Beispiel einer lieblosen Atmosphäre zu Hause, des Versagens in der Schule, vereitelter Berufspläne, Verlust guter Freunde). So können auch viele Aktualfähigkeiten (psychosoziale Normen), die über die Jahre hinaus fortdauern (Probleme mit dem Partner hinsichtlich Ordnung, Pünktlichkeit, Gerechtigkeit, Treue, Höflichkeit, Offenheit, Zeit, Sparsamkeit usw.), mikrotraumatisch zu Ängsten, Aggressionen und Depressionen führen.

Die geistige Verkrampfung

Einseitigkeit, Hartnäckigkeit, Sturheit, fixe Ideen spielen als Grundkonzepte hinter den einzelnen Aktualfähigkeiten eine zentrale Rolle. Der Betroffene ist nur von seiner Meinung, von einem Vorurteil besessen, die eine einzige Möglichkeit darstellt. Da jede fixe Idee einen Großteil des Gehirns blockiert, kommt keine andere Möglichkeit und Meldung herein. Die Positive Psychotherapie ist fokal orientiert, d.h. das Augenmerk wird vor allem auf die Fähigkeiten im Umfeld der konfliktbesetzten Bereiche gerichtet und es wird versucht, die bestehenden Reintegrationstendenzen der körperlich-seelisch-geistigen Einheit „Mensch“ zu mobilisieren. Dies geschieht mehrstufig.

Fünfstufiges Vorgehen zur Therapie des CFS

1. Stufe der Beobachtung/Distanzierung

Herr B. wirkte in den ersten Stunden sehr angespannt, ängstlich und gehemmt. Er gab sich Mühe, nach außen hin gepflegt zu erscheinen. In den Sitzungen blieb er auf der äußersten Stuhlkante sitzen, möglichst in der Jacke und mit seiner Aktentasche auf dem Schoß, als ob er gleich wieder aufspringen wollte. Es bestand ein großer Leidensdruck. Er fühlte sich hilflos seinem Zustand ausgeliefert. Dies löste eine große Verbitterung und Verärgerung bei ihm aus. Gleichzeitig war er verzweifelt über sein eigenes „Versagen", denn von seinem Gesundheitszustand hing es ab, ob er seine Arbeit fortsetzen konnte.

Symptome der vier Bereiche des Balance-Modells

- Bereich Körper/Sinne

Körperliche Schwäche, Erschöpfung, Überlastung und Müdigkeit (Körper „lässt mich im Stich"), Schlaflosigkeit und schmerzende Schulter-Beschwerden.

- Bereich Leistung

Beruf als Abteilungsleiter und Führungskraft, ständige Leistungsüberforderung und Unzufriedenheit, obwohl es für mich früher das höchste Ziel war.

- Bereich Kontakt

Einsamkeitsgefühle, will immer meine Nähe haben, keine Nerven, meiner Partnerin mit ihren Beschwerden zuzuhören. Soziale Isolierung im Beruf.

- Bereich Zukunft/Fantasie

In mir ist das Gefühl nur „schwarz" und leer, wenig Hoffnung, früher großes Engagement im Beruf (ca. 90 Stunden pro Woche), ich bin aus der Kirche vor allem aus finanziellen Gründen ausgetreten und versuche meine Probleme alleine zu bewältigen.

Im Balance-Modell wurde deutlich, dass alle vier Bereiche dringend erweiterungsbedürftig sind. Die Beziehung zur Partnerin war für ihn anfangs eine Stütze, die wieder wegbricht, weil sie zu viel eigene Probleme hatte. Für Herrn B. war es eine erste Befreiung, zu erkennen, dass es noch andere Lebensbereiche gibt, die er in Angriff nehmen kann. Er erkannte, dass er sich ein eigenes Leben erlauben darf. Er sieht darin eine Chance, das eigene Leben in den vier Bereichen wieder ins Gleichgewicht zu bringen. Er erkannte, dass seine Symptome, wie Erschöpfung, Überlastung und Depression eine positive Bedeutung haben, damit sich andere Lebensbereiche, die zu kurz gekommen sind, wieder entwickeln und entfalten können.

Erschöpfung ist die Fähigkeit, mit seiner Energie sparsam umzugehen. Überlastung bedeutet die Fähigkeit, die eigene Grenze zu erkennen und sich vor Überforderungen zu schützen. Schlafstörungen ist die Fähigkeit wachsam zu sein, um sich mit der eigenen Zukunft zu beschäftigen.

2. Stufe der Inventarisierung

Die positive Deutung, dass die vielfältigen Beschwerden als Organsprache zu deuten sind, konnte der Patient gut nachvollziehen. Für seine Probleme hatte er bisher nur Kompromisse gefunden, dabei wären neue Konfliktlösungen nötig gewesen, um sein Leben auch in Zukunft sinnvoll zu gestalten. Nun galt es, die dahinter liegenden Konzepte und Ideale verstehen zu lernen.

Im Rahmen der Schilderung seiner umfangreichen Krankengeschichte wurden folgende „Stressoren" zusammengetragen: 1996 Operation am Steißbein; 1997 Knie-Operation und der Tod des Opas; 1998–2000 Leistungssport Triathlon; 1999 Arbeitgeber-Wechsel; 1999 erneuter Arbeitgeber-Wechsel.

3. Stufe der situativen Ermutigung

Zur Anwendung kamen Geschichten, ein Brief an ein Organ, eine Situationsanalyse, eine Ist-Wert- und Soll-Wert-Gegenüberstellung und die Behandlung mit Antidepressiva.

Mithilfe der Geschichten konnte ein Fantasietraining erfolgen. Durch die Selbsthilfe und Therapie und die Beschäftigung mit Geschichten und Spruchweisheiten, die Herrn B. eine Relativierung und Einbindung seiner Probleme in einen größeren Zusammenhang ermöglichte und emotional ansprach, fühlte er sich erleichtert und ernst genommen: Seine ganze problematische Situation bekam einen Sinn. Unterstützend konnte auch die jeweils aktuelle Symptomatik in der Therapie genutzt und positiv umgedeutet werden.

Wenn man in Form eines Briefes an die verschiedenen Organe die Beschwerden aufschreibt, um sich diese besser sichtbar zu machen, eröffnet man sich selbst, der eigenen Familie und dem Therapeuten neue Möglichkeiten der Symptomverarbeitung, die als eine Art „Training zur Organvisualisierung" betrachtet werden können. Der folgende Brief an die Müdigkeit zeigt, wie man sich mit weiteren Stufen von Selbsthilfe und Therapie auseinander setzen kann.

Brief an die Müdigkeit

Kopf: Warum bin ich so müde? Es ist schon so lange her, dass ich mich gut fühlte. Lange war ich nicht mehr leistungsfähig, wo Leistung doch zu meinem wesentlichen Lebensinhalt gehörte. Der Sport stand im Mittelpunkt. Ich möchte wieder einmal so sein, wie ich war. Ich trauere der Vergangenheit sehr nach. Ich habe es genossen, wenn mein Körper leistungsfähig war. Stattdessen muss ich nun tatenlos mit ansehen, wie Andere, die früher zu mir aufblickten und mir insgeheim großen Respekt zollten, mittlerweile viel besser sind als ich. Ich bin ganz unten. Mein Körper ist am Ende.

Bauch: Mit jedem Arztbesuch geht ein bisschen Hoffnung dahin. Anderen geht es doch auch gut. Warum mir nicht? Ich habe bereits alles Medizinische überprüfen lassen, doch nichts haben die Ärzte gefunden. Der Kardiologe sagt, „Ihr Herz ist in Ordnung", der Internist bestätigt eine gute Verfassung. Blutwerte sind alle im Normbereich. Der Hausarzt setzt die Mosaiksteinchen zusammen, um ein differenziertes Bild zu bekommen. Er ist ratlos. Selbst der letzte Versuch im Schlaflabor brachte keine Erkenntnis. Dadurch hast du mir einen weiteren Dämpfer verpasst.

So langsam frage ich mich, ob ich mir die Müdigkeit nur einbilde. Nein, das tue ich nicht. Du bist da. Ich spüre dich jeden Tag. Viele Versuche hatte ich bereits unternommen, um dich zu überlisten.

Leichte Bewegungstherapie sollte dich vertreiben. Ich musste einsehen, dass du stärker bist als ich. Das fällt mir sehr schwer.

Füße: Ok, ich muss mich mit der Müdigkeit arrangieren. Wir werden Partner. Jeder von uns beiden macht Zugeständnisse. Ich werde früh zu Bett gehen und mich ausschlafen, wenn du mich tagsüber wenigstens in Ruhe lässt. Stück für Stück werde ich dann von dir meine Leistungsfähigkeit zurückbekommen, bis ich wieder ganz der „Alte" bin. Ich will die Sprache meines Körpers besser verstehen und auf das Balance-Modell besser achten, um die Einseitigkeiten besser aufzuarbeiten. Meine Erschöpfung ist meine Schattenseite und hilft mir, ein neues Bewusstsein zu entwickeln. Ich muss meinen Gefühlen gegenüber ehrlicher sein (Partnerin/Kollegen). Ein Beinbruch hätte mich viel weniger eingeschränkt als meine dauerhafte Müdigkeit.

In der erfassten Situationsanalyse wurde die nachfolgend aufgeführte Ist-Wert- und Soll-Wert-Gegenüberstellung vorgenommen. Wie Sie sehen, wurden dazu in einer Tabelle in drei Spalten die Situation aufgelistet, der Ist-Wert und der dazu gehörige Soll-Wert.

Die „Ist- und Soll-Wert-Technik"

Situation	Ist-Wert	Soll-Wert
Ich will mit dem Auto links abbiegen, da fährt plötzlich von der anderen Seite ein zweites Auto vom Bürgersteig los.	Ich bremse und denke, was da hätte passieren können, mein Puls steigt. Ich bin der Meinung, dass ich an einem eventuellen Unfall nicht Schuld gewesen wäre. Ich rege mich sehr auf, noch Minuten später.	Es ist ja alles noch mal gut gegangen. Nichts ist passiert. Ich könnte den anderen Autofahrer anlächeln und hoffen, dass ihm auch zukünftig nichts passiert, wenn er so unachtsam ist.

Situation	Ist-Wert	Soll-Wert
Unser Auszubildender hat den gleichen Fehler zum wiederholten Male begangen.	Ich denke, das lernt er sowieso nicht mehr und bringe die Aufgabe selbst zu Ende. Ich möchte keine unnötige Zeit mehr verschwenden.	Ich könnte mit ihm sprechen und ihm den Sachverhalt nochmals erklären. Irgendwann wird es bestimmt besser und er ist eine Entlastung für mich.
Meine Partnerin war beim Arzt und ihr geht es überhaupt nicht gut.	Ich bin so mit mir selbst beschäftigt, dass ich ihr nicht die nötige Aufmerksamkeit entgegenbringe.	Ich könnte ihr in Ruhe zuhören und meine Arbeit am Computer später wieder aufnehmen.
Mein Onkel hat Geburtstag.	Ich gehe nicht hin und gratuliere ihm nicht, da ich mich nicht mehr erinnern kann, wann er mir das letzte Mal gratuliert hat.	Um das Verhältnis zu ihm zu verbessern, gehe ich zu ihm, gratuliere ihm und verbringe einen Nachmittag mit den Verwandten.
Arbeit am Computer funktioniert nicht wie gewohnt. Ich arbeite bereits seit 12 Stunden. Ich bin sehr müde, nicht leistungsfähig. Ich bin erschöpft, überlastet, muss aber einfach weitermachen, auch wenn ich es nicht will. Niemand verlangt es von mir, ich mache mir selbst den Druck.	Ich würde den PC gern aus dem Fenster werfen, wenn er nicht so teuer wäre. Folge: Ich muss mir einen neuen PC kaufen. Das Problem wäre auch mit einem neuen Computer noch da. Motto: „Wer A sagt, muss auch B sagen", „Halbe Sachen macht man nicht", „Was man anfängt, muss man auch zu Ende bringen, ohne Rücksicht auf Verluste".	Ich könnte auch morgen weiterarbeiten und mich jetzt ausruhen. Folge: Am nächsten Tag wäre ich ausgeruht und das Problem würde sich ganz einfach lösen. Früher habe ich nicht auf meinen Körper gehört und einfach Weitergearbeitet ohne Rücksicht auf meinen Körper und Gefühle. Die Sache musste zu Ende gebracht werden.

Situation	Ist-Wert	Soll-Wert
.Als Kind spielte mein Vater mit mir Tennis. Er war sehr ungeduldig und erwartete zu viel von mir.	Ich verlor die Lust am Tennis und habe mehrere Jahre pausiert. Danach habe ich wieder angefangen und mit Anderen solange trainiert bis ich viel besser war. Wenn ich verloren habe, war ich unzufrieden mit mir. Als ich gegen meinen Vater gewann, sagte er: „Du bist ja auch 30“.	Wenn ich wieder gesund bin, möchte ich nicht mehr um jeden Preis gewinnen. Ich will einfach Spaß an der Bewegung haben.

4. Stufe der Verbalisierung

Es wurden aktuelle Probleme im Beruf und in der Partnerschaft behandelt (Aktualkonflikt). Erfahrungen, die er im Laufe seiner Lebensgeschichte hinsichtlich der Leistung, Sparsamkeit, Gerechtigkeit und Ordnung in Bezug auf Partnerschaft und Umgang mit dem Tod und Verlust erlebt hatte, wurden angesprochen (Grundkonflikt). Der Umgang mit den Problemen hinsichtlich Offenheit – Ehrlichkeit wurde intensiv bearbeitet (innerer Konflikt). So konnte Herr B. seine Konfliktverarbeitungsstrategie erweitern und von der Konfliktverneinung, Konfliktverstärkung, Konfliktverschiebung zur aktiven Konfliktverarbeitung in fünf Stufen vorgehen.

5. Stufe der Zielerweiterung

Herr B. war in der Lage, selbstständig die Partnergruppe und Kollegengruppe durchzuführen, um die Probleme rechtzeitig anzuführen und zu bearbeiten. Das DAI brachte eine erhebliche Erleichterung. Die Mikrotraumen im Beruf und in der Partnerschaft, die mithilfe der Ist-Wert- und Soll-Wert-Gegenüberstellung ermittelt wurden, zeigten, wie von den eigenen Ressourcen besser Gebrauch zu machen ist.

In allen vier Bereichen konnte Herr B. Elemente der Zielerweiterung benennen.

Zielerweiterung im Balance-Modell

- Bereich Körper/Sinne

Mehr Bewegung, eine intensivere Körperpflege und Beschäftigung mit der Ernährung, Entspannungstraining und eine medikamentöse Begleitbehandlung: „Der Schlaf ist im Gegensatz zu früher, für mich jetzt eine Erholung. Ich kann jetzt auch wieder Rad Fahren."

- Bereich Leistung/Arbeit

Positives Arbeitszeit-Management, Finden eines angemessenen Arbeitstempos mit einer bewussten Reduzierung der Hektik und Überbelastung: „Ich kann mich jetzt wieder viel besser konzentrieren, die Arbeit macht mir wieder richtig Freude. Ich nehme Kontakt mit meinen Mitarbeiterinnen und Mitarbeitern auf und gehe auf sie ein."

- Bereich Kontakt/Kommunikation

Er plante regelmäßig eine gemeinsame Partnergruppe pro Woche, die langsame Wiederherstellung von Kontakten mit Arbeitskolleginnen und Arbeitskollegen: „Ich nehme mir jetzt genügend Zeit für meine Partnerin und versuche auch ihre Sorgen zu verstehen."

- Bereich Zukunft/Fantasie

Durch das neue Verständnis seiner Symptome und der dahinter liegenden Konflikte konnte er neuen Lebensmut gewinnen, zudem konnte er sich freier mit dem Thema Religion auseinander setzen und auch in Beziehung zu Verlust und Tod hoffnungsvoll in die Zukunft schauen: „Ich habe jetzt wieder Träume, was mir in den vergangenen zwei Jahren total gefehlt hat. Ich habe jetzt auch wieder Visionen und plane sogar meine Zukunft. Zusammen haben wir jetzt die Planungen für den ersten gemeinsamen Urlaub begonnen."

Richtiger Umgang mit Schulstress

Das darfst du nicht

„Das darfst du nicht", sagte der Vater. Gläubig blickte der Kleine zu ihm auf und ließ es sein. „Dafür bist du zu klein", erklärte die Mutter. Respektvoll zog er sich zurück. „Auch dies ist nicht gut", erzog ihn der Vater. „Und jenes ist nicht recht", erzog ihn die Mutter. „Wenn große Leute sprechen, sagen Kinder nichts", ermahnte man ihn. Also schwieg er bescheiden. „Gib dich nicht so dumm!", rügte der Lehrer. Und der Junge ließ das Fragen. „Er ist so linkisch und gar nicht gesprächig", langweilten sich die Mädchen. Das munterte auch nicht auf. „Sitz nicht im Haus herum!", rügte der Vater. „Was suchst du auf der Straße?", rügte die Mutter. „Er scheint mir verklemmt", meinte der Arzt. „Verschlossen", sagte der Lehrer. „Verträumt. Was soll aus ihm werden?" „Kann ich nicht brauchen", urteilte der Chef. „Vergrämt mir die Kundschaft. Spricht kaum. Keinen eigenen Kopf. Fragt aber auch nichts. Seltsamer Kauz!" „Organisch gesund!", sagte der Arzt. „Und war so ein hübsches Kind", flüstern die Nachbarn. „Alles kümmerte sich um ihn: Die Familie, die Schule, nichts fehlte ihm. Aber er wird mit dem Leben nicht fertig. Die armen Eltern!"

Theo Schmich

Wie entsteht Schulstress?

Der Bereich „Leistung und Verstand" hat in einer Industriegesellschaft ein besonderes Gewicht. Von der Erziehung eines Menschen ist es abhängig, wie die Leistungsnormen ausgeprägt sind und in das Selbstkonzept des Heranwachsenden eingegliedert werden können. Dabei sind nicht nur die Erziehungsvorstellungen der Eltern wichtig, sondern auch die Normen und Konzepte, die in der jeweiligen Gesellschaft und Kultur vorherrschen.

Die Funktionsaufteilung in der Erziehung hat nicht unbedingt nur negativen Charakter, sie bringt aber ihre eigenen typischen Probleme mit sich, die in der Erziehung Berücksichtigung finden müssen.

Mit der Industrialisierung und Verstädterung setzte ein Trend zur Kleinfamilie ein, die meist nur aus Eltern und Kindern besteht und in den seltensten Fällen die Großeltern einbezieht. Diese nehmen oft nur Teilfunktionen wahr, z. B. als Babysitter. Zwangsläufig ist damit auch verbunden, dass Erziehungsaufgaben im-

Die Schule muss nicht zum Stress werden.

mer mehr auf verschiedene Institutionen übertragen wurden. Es beginnt damit, dass ein Kind in der Klinik geboren wird und dort von den Säuglingsschwestern versorgt wird. Erziehungsaufgaben werden außer von der Mutter zunehmend auch vom Vater übernommen, von den Großeltern, eventuell einem Babysitter, dem Kindergarten, der Schule oder dem Internat.

Gerade die Nachkriegsgeneration in Deutschland fand im Leistungsbereich ihre Lebensziele. Überleben und Wiederaufbau prägten anfangs die Denkweise. 50 Jahre Frieden und stetiger Wirtschaftsaufschwung verfestigten die Einstellungen „Kannst du was, dann bist du was!" – „Spare in der Zeit, dann hast du in der Not!" (Verknüpfung von Ausbildung – Leistung – Geld – Ansehen). Das führte dazu, dass heute eine Kindergeneration heranwächst, die kaum finanzielle Beschränkungen kennt. Die 6- bis 17-Jährigen können heute über eine enorme Kaufkraft verfügen. Dabei zeigt sich ein starker Trend zu Markenartikeln, sowohl in der Kleidung als auch bei den Nahrungsmitteln. Die Eltern unterstützen diese Grundhaltung oft, indem sie stolz auf den guten Geschmack ihrer Sprösslinge sind und merken erst zu spät, dass sie reingefallen sind. Dies ist wieder ein Beispiel dafür, wie wichtig die gemeinsame und bewusste Auseinandersetzung der Eltern mit ihren persönlichen Erziehungszielen ist.

Andererseits leidet die junge Generation aber daran, dass ihre Zielvorstellungen für eine sinnvolle Lebensgestaltung längst nicht so eindeutig festgelegt sind wie sie es bei ihren Eltern waren. Die wiederkehrende Klage über den Wertverlust in unserer

Gesellschaft beinhaltet jedoch auch gerade für die Jugend die Chance, eigenständige Ziele zu entwickeln.

Im schulischen Sektor zeigt sich seit 1960 ein deutlicher Trend zur qualifizierteren Schulausbildung der Kinder. Die Ausdehnung der Schulzeit brachte vor allem einen Zuwachs an Real- und Gymnasialschülern, während die Zahl der Hauptschüler stetig sank. Gute Schulbildung und hohe gesellschaftliche Stellung korrelieren eng miteinander. In diesen Aussagen ist noch nicht erfasst, dass auch die Inhalte der Lehrpläne immer intensiver mit speziellem Wissensstoff gefüllt wurden. Auch nicht berücksichtigt werden kann in solchen Angaben, wie sich der einzelne Schüler in diesem System wahrnimmt und wie er damit zurecht kommt.

Denken und Verstand ermöglichen es uns auf dem Boden der Erkenntnisfähigkeit systematisch und gezielt Probleme zu lösen und Leistung zu optimieren.

Konsequenzen der Konfliktreaktionen

Zwei einander entgegengesetzte Konfliktreaktionen sind im Leistungsbereich möglich, die beide der Ausdruck einer aktiven beziehungsweise einer passiven Bewältigungsstrategie sind.

- Aktive Dimension:
Flucht in die Leistung, Strebertum, Genie, Überflieger, Beschäftigungsdrang, Überforderung, Schulstress, Stressreaktionen, Leistungszwang, Konkurrenzkampf, Ellenbogenmentalität.

- Passive Dimension:
Flucht vor Leistungsanforderungen, Leistungshemmung, Arbeitshemmung, Denkhemmung, Kraft- und Lustlosigkeit, Schulangst, Faulheit, Schulschwänzen, Krankfeiern, Zivilisationsmüdigkeit, Apathie, Interessenlosigkeit, Konzentrationsmangel.

- Konsequenzen aus aktiver und passiver Dimension:
Konzentrationsstörungen, Versagensängste, Hemmungen, Selbstwertprobleme, Ängste, Aggressionen und Depressionen.

Die leidende Freundin

Ein 17-jähriger Junge leidet unter Apathie, Arbeitsunlust, Hemmungen und Schlafstörungen. Außerdem klagt er darüber, dass er sich nicht konzentrieren könne und die Schule für ihn ein unerträglicher Ballast sei. Er habe für die Anforderungen der Schule überhaupt keine Energie und Kraft mehr.

Ist-Wert (Stufe I): Die geschilderten Beschwerden des Jungen blieben nicht ohne Auswirkungen auf seine Leistungen in der Schule, aber auch auf die gesamte Familienatmosphäre, was seine Eltern veranlasste, einen Fachmann um Rat zu fragen.

Soll-Wert: Die Mitarbeit des Jugendlichen wurde durch die positive Deutung gewonnen: Sein Mangel an Energie wurde nicht als Faulheit, also eine Schwäche, sondern als eine einseitige Energieverteilung in seinen vier Bereichen gedeutet.

Inventarisierung (Stufe II): Zunächst bekam der junge Mann den Auftrag, seinen Tagesablauf vom Aufwachen bis zum Schlafengehen mit Uhrzeitangaben aufzulisten. Bei der gemeinsamen Bearbeitung dieser Angaben wurde schnell klar, dass er den größten Anteil an Energie für die 16-jährige Freundin aufwandte – nach seiner eigenen Einschätzung ca. 85 Prozent.

Er trifft sich etwa 3 bis 4 Stunden am Tag mit ihr, denkt nachts an sie und kommt selbst in der Schule nicht von den Gedanken an sie frei. Alle anderen Bereiche wie Eltern, Klassenkameraden und schulische Ausbildung kommen dabei zu kurz. Bildlich wurde dieser Sachverhalt in einem Energieverteilungsdiagramm veranschaulicht, das dem Patienten auch immer zur Erinnerung ausgehändigt wurde.

Für alle Beteiligten wurde schnell deutlich, welche Bereiche bei diesem Jugendlichen in den Hintergrund geraten waren und ganz entscheidend für die Konfliktdynamik sorgten.

Damit war der rote Faden für die Therapie schon festgelegt. Neben Anregungen zu den unterentwickelten Bereichen von Körper, Leistung und Zukunft wurden vor allem die Aktualfähigkeiten „Leistung, Zuverlässigkeit, Vertrauen/Zutrauen und Kontakt“ unter besonderer Berücksichtigung des Schlüsselkonfliktes „Höflichkeit/Ehrlichkeit“ besprochen.

Schematisch zeigt sich die Aufteilung der Energie auf die verschiedenen Bereiche wie folgt:

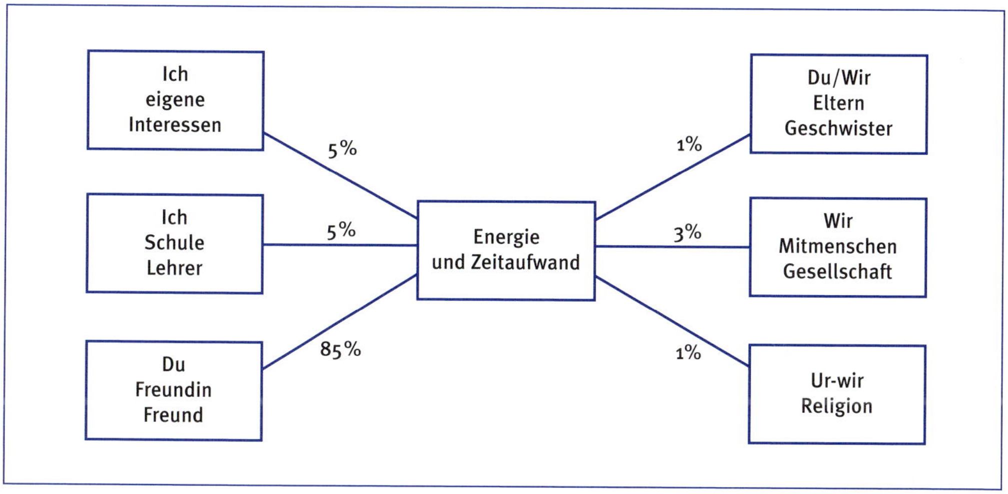

Dieses Schema zeigt die Aufteilung der Energie auf die verschiedenen Bereiche.

Zuverlässigkeit, Genauigkeit, Gewissenhaftigkeit

- Von Zuverlässigkeit sprechen wir, wenn wir uns auf einen Menschen verlassen können. Er wird auch in unserer Abwesenheit eine Aufgabe in der vereinbarten Art erfüllen und unsere Erwartungen nicht enttäuschen.

- Genauigkeit bedeutet, dass eine Aufgabe wie vorgeschrieben erledigt wird. Je größer die Genauigkeit, umso geringer die Wahrscheinlichkeit von Fehlern.

- Gewissenhaftigkeit setzt einen inneren Maßstab für Genauigkeit, Sorgfalt und Korrektheit voraus. Man spricht von Gewissenhaftigkeit, wenn eine Leistung diesem inneren Maßstab entspricht, also mit dem Gewissen vereinbar ist.

Schätzen Sie Gewissenhaftigkeit und Genauigkeit richtig ein

- Wer von Ihnen legt mehr Wert auf Zuverlässigkeit?
- Neigen Sie oder Ihr Partner dazu, alles fehlerlos und perfekt machen zu müssen?
- Haben oder hatten Sie Probleme im Zusammenhang mit Zuverlässigkeit, Genauigkeit und Gewissenhaftigkeit?

- ❍ Führen Sie Ihre Arbeiten genauso gut aus, wenn Ihr Chef nicht da ist, wie wenn er anwesend ist?
- ❍ Wie fühlen Sie sich, wenn Ihr Partner Ihnen gegenüber unzuverlässig war? Können Sie Beispiele nennen?
- ❍ Wer von Ihren Eltern legte mehr Wert auf Zuverlässigkeit und Genauigkeit?
- ❍ Wie reagierten Ihre Eltern, wenn Sie einmal eine Arbeit nicht so genau ausführten?

Optimismus baut Brücken über dem Abgrund.
Joseph von Marawski

Wird dieser Bereich über- oder unterbetont, können folgende Störungen auftreten: Umständlichkeit, mangelnde Flexibilität, Oberflächlichkeit, Vertrauensbruch, Angst vor dem Versagen, soziale und berufliche Konflikte, Zwangsvorstellungen, Zwangshandlungen, Enttäuschungen, Überforderung, Depressionen, Schuldgefühle, Schlaflosigkeit, Grübelei.

So ändern Sie Ihr Verhalten

Ist der Bereich Genauigkeit eher zu kurz gekommen, wurden Zuverlässigkeit und selbstständige Arbeit nicht in ausreichendem Maße gelernt. In diesem Fall stellen große Aufgaben dann eine Überforderung dar und deshalb sollten die gestellten Aufgaben immer überschaubar sein. Fügen Sie häufigere Kontrollschritte ein.

Ist es umgekehrt so, dass die Genauigkeit einen hohen Stellenwert im Leben einnimmt, dann haben Sie vielleicht gelernt, bestimmte Tätigkeiten zu perfektionieren und dabei andere Bereiche vernachlässigt. Daher ist es nun für Sie wichtig, sich langsam neue Bereiche – vor allem aus den genannten Primärfähigkeiten – zu erschließen.

Wenn Zuverlässigkeit und Genauigkeit nur vorübergehend auftreten, können Kontaktbestrebungen mit einem Absolutheitsanspruch vertreten werden, der dann bald wieder aufgegeben wird, etwa nach dem Motto: „Ich kann meine Schularbeiten erst anfangen, wenn auf meinem Schreibtisch alles genau an seinem Platz liegt."

Unterschiedliche Reaktionen auf Leistungsanforderungen

Nicht nur Erwachsene, sondern auch Kinder reagieren auf sehr unterschiedliche Weise auf Leistungsanforderungen. Die Forschung mit den so genannten „Coping-Stilen“ hat gezeigt, dass es immer wiederkehrende Muster gibt, die wir Ihnen nun vorstellen.

Der anspruchsvolle Erwartungstyp

Dieser Typ zeigt eine überbetonte Höflichkeit, traut sich seine Bedürfnisse aber nicht zu formulieren und erwartet gleichzeitig, dass seine Mitmenschen sich so verhalten, wie er es sich vorgestellt hat, und ihm seine Wünsche von den Augen abgelesen werden. Jede Schwierigkeit, jede Leistungsanforderung oder Krise wird von ihm als Katastrophe erlebt. Er versucht, alle Forderungen, die an ihn heran getragen werden, zu erfüllen, er kann nicht Nein sagen, aus Sorge die Sympathie der anderen und ein Stück Geborgenheit zu verlieren. Manche versuchen ihren Willen gegenüber der mächtigen Erwachsenenwelt wie ein kleines Kind mit Trotz durchzusetzen. Dabei kommt es zu heftigen Machtkämpfen, in denen es immer Sieger und auch Besiegte geben wird.

Intelligenz ohne Liebe ist kalt;
Liebe ohne Intelligenz naiv;
Intelligenz mit Liebe ist Weisheit.

Der Erfolgs- und Prestigetyp

Gerechtigkeit und Ehrlichkeit – wie die sekundären Aktualfähigkeiten überhaupt – werden von diesem Typ überbetont. Er ist rasch bereit, die geforderten sozialen Rollen zu übernehmen, wobei allerdings Erfolg zum einzigen Maßstab des persönlichen Wertes wird. Jede Niederlage gefährdet seinen Selbstwert stark, meist reagiert er schon nur auf die Vorstellungen von Versagen mit körperlichen Beschwerden. Gewissenhaftigkeit wird zur Perfektion überspitzt, in der Erwartung, die Anerkennung der Anderen zu erhalten. Dabei können aber auch Nebensächlichkeiten so in den Mittelpunkt geraten, dass der Überblick über die tatsächlichen Anforderungen verloren geht. Der Bleistift auf dem Schreibtisch wird wichtiger als die Arbeit selbst oder die Beratung mit den Kollegen.

Der erfolgsorientierte Perfektionist neigt zum offenen Konkurrenzkampf, der ängstliche Perfektionist versucht seine Position eher durch Neid und Missgunst zu verteidigen. Er beobachtet und kontrolliert seine Kollegen genau, handelt sich meist Misstrauen und Ablehnung ein und fühlt sich letztlich müde, leer und unzufrieden.

Der Entlastungstyp

Gerade Kinder spiegeln in einer unsicheren und unentschlossenen Einstellung die orientierungslose Haltung ihrer Eltern wider – ein Schwanken zwischen Liebe und Gerechtigkeit sowie Höflichkeit und Ehrlichkeit. Die Entscheidungsfähigkeit ist bei solchen Menschen stark eingeschränkt und ihre Stimmung schwankt zwischen „Himmelhoch jauchzend und zu Tode betrübt …“ Ist der Leistungsanspruch hoch ausgeprägt, neigen diese Menschen zu einer besonderen Form der Depression, die man Entlastungsneurose nennt. Sie fallen nach Erreichen der hochgesteckten Ziele in eine emotionale Leere und wenden sich bald neuen Aufgaben zu. Nach außen hin wirken diese Menschen oft als Pragmatiker, sie wissen genau, was sie wollen. Innerlich aber verhalten sie sich zwar angepasst an die gesellschaftlichen Leistungsnormen, müssen aber gleichzeitig immer wieder ihre Zweifel an diesen Leistungsnormen verdrängen. Daraus resultiert ein stetes Gefühl der Unsicherheit, das durch Anpassung an die allgemeine Meinung beruhigt wird.

Merke
Es gibt keine schlechten Menschen, allenfalls solche, die es nicht anders lernen konnten. Aufgabe jedes Erziehers ist es deshalb, seine eigenen Haltungen zu hinterfragen und das Kind nicht einfach nur für dumm, faul, böse oder verdorben zu halten.

Kinder verstehen

Die körperliche Krankheit von Kindern ist für alle Eltern ein Alarmzeichen, das so ernst genommen wird, dass ärztlicher Rat eingeholt wird. Immer wieder erleben wir aber, dass Verhaltensstörungen, und vor allem Schulprobleme, auf das Unverständnis der Eltern stoßen und oft genug bestraft werden. Dieser Automatismus „Verhaltensstörung/Strafe“ erwächst aus einer Haltung, dass alles zu erreichen wäre, wenn man nur richtig wolle. Von den Kindern wird dann verlangt, dass sie anders handeln müssen – und zwar sofort.

Dabei käme es viel mehr darauf an, die Erzieher würden nach den Motiven des kindlichen Handelns fragen und das Kind ermutigen, über seine Gründe zu sprechen. Verstehen und Verständnis haben ist bei allem die Voraussetzung um differenzieren zu können. Ich muss als Vater oder Mutter nicht immer mit dem Verhalten meines Kindes einverstanden sein - das kann ich klar zum Ausdruck bringen, aber ich sollte mich um Verstehen bemühen und mein Kind als eigenständige Persönlichkeit würdigen.

Meistens lernen Kinder und Jugendliche eingehend, die Erwartungen hinsichtlich Ordnung, Pünktlichkeit, Fleiß, Gewissenhaftigkeit zu erfüllen, aber die Themen der Menschheit und des Lebenssinns werden vernachlässigt.

Beispiel für den Therapieverlauf

Entscheidend für den Jungen war, dass die Eltern – mithilfe der positiven Deutung – seine Apathie nicht mehr als Schwäche oder gar willentlichen Protest einstuften. Dadurch gewannen sie ein neues Bild von ihrem Sohn und konnten sich viel differenzierter mit der Konfliktsituation auseinander setzen. Sehr hilfreich erwiesen sich dabei die Geschichte „Von der Krähe und dem Pfau“.

Voraussetzung für den Erfolg der Therapie war es, die Eltern mit einzubeziehen. Sie erkannten rasch die Chance, ihre eigenen Lebensbereiche in eine neue Balance bringen zu können. Natürlich wurde auch die Freundin in die Sitzungen mit einbezogen, was den jungen Mann deutlich entlastete, denn das Mädchen hatte Gelegenheit, ihre Probleme mit ihrer eigenen Familie anzusprechen. Die positiven Deutungen und die erweiterte Sicht der Konfliktinhalte zogen dadurch größere Kreise, sodass letztlich zwei Familien geholfen werden konnte. In diesem Schritt kam es vor allem darauf an, auch die Sinnfrage zu stellen und Ziele für den Zukunftsbereich zu erarbeiten.

Eine Geschichte auf den Weg

Was man anfängt, soll man auch richtig zu Ende bringen

Untertanen und die Menschen in der Umgebung können den Sultan nicht verstehen. Er hat eine Schar von Dienern, doch er hat nur den einen mit Namen Ayaz, der weder gutaussehender noch fähiger als die Anderen, ins Herz geschlossen.

Man kann dem Leben nicht mehr Tage geben, aber dem Tag mehr Leben.

Eines Tages, als sie alle auf Jagd waren, sahen sie plötzlich in der Ferne eine Staubwolke. Der Sultanfragte:"Woher kommt diese Staubwolke?",,Es muss eine Karawane sein",war die Antwort. Der Sultan befahl einem Begleiter, der Sache nach zu gehen.

Der Mann reitet zur Karawane und kehrt mit folgendem Bericht zurück: „Das sind Geschäftsleute aus Indien". Heimlich beauftragt er einen weiteren Diener mit dem Befehl festzustellen, was für Ware die Menschen zum Verkauf bei sich haben. Der Diener kam zurück und berichtete, daß die Geschäftsleute nur Seidenstoffe dabei hätten. Auf die Frage: „Woher stammt diese Ware", sagte der Diener: „Majestät, sie haben mir diesen Auftrag nicht erteilt. Der dritte Diener wurde hingeschickt, um zu erfahren, woher diese Stoffe kommen. Er kehrte zurück und antwortete stolz: „Aus China." Der Sultan fragte: „Wo ist der Zielort der Leute?" „Ich hatte keinen Befehl, danach zu fragen," antwortete der Diener. Nun wurde erneut ein Diener zur Karawane geschickt, um den Zielort zu erfragen. Die Rückmeldung war: „Buchara."

Der Sultan war immer noch nicht zufrieden, denn er wollte wissen, was die Leute danach auf dem Heimweg als Ware mit in ihre Heimat nehmen. Der nächste Diener übernahm diesen Auftrag. Der Sultan stellte fest, daß seine Leute nur Dienstleistungen durchftihren, die ausdrücklich ihnen in Auftrag gegeben werden. Nach dieser Erfahrung rief er seinen Diener Ayaz zu sich und sagte zu ihm laut: „Gehe hin und stelle fest, wer diese Leute sind. Nach einer Stunde kam er zurück und berichtete: „Mein König, es sind 8 indische Kaufleute mit 50 Dienern und Wachmännem, besitzen 150 Pferde, Kamele und Esel, die von 20 Stallmeistem betreut werden. Die tragen als Ware 230 Ballen Seidenstoffe, sind auf dem Weg nach Buchara, um im Tauschgeschäft Schafsfelle zurück zu bekommen, die sie dann nach Kharasan bringen wollen. Sie wollen die Felle erwerben, um sie in kalten Gegenden Chinas zu verkaufen."

Als der König dies alles hörte, sagte er zu seinen Anhängern und Leuten: „Habt ihr jetzt verstanden, warum dieser Mann bei mir einen so hohen Stellenwert hat?"

Entspannungsmethoden anwenden

Den folgenden Text zur Progressiven Muskelentspannung nach Jacobson sollten Sie auf Kassette sprechen oder von jemandem sprechen lassen. Das Sprechtempo können Sie selbst ausprobieren, indem Sie gleichzeitig die entsprechenden Übungen ausführen. Spannen Sie so stark an, dass Sie die Spannung der Muskulatur deutlich spüren, jedoch keine Schmerzen verursachen.

Wer am Ziel seiner Träume ist, wacht auf.
Lebensweisheit

- Bitte setzen Sie sich bequem hin; Ihre Hände liegen im Schoß oder auf den Oberschenkeln. Wenn Sie liegen, ruhen die Arme neben ihrem Körper.. Die Nebengeräusche werden zunehmend mehr gleichgültig. Sie atmen ruhig und gleichmäßig und entspannen sich, so gut Sie das können...

- Und nun konzentrieren Sie sich auf Ihre Füße und Ihre Beine... Wenn Sie sitzen, heben Sie beide Beine, bis die Knie durchgedrückt sind (im Liegen nur die Knie durchdrücken), und jetzt ziehen Sie die Fußspitzen an Richtung Gesicht... ganz fest anziehen, bewusst die Spannung wahrnehmen.... und jetzt entspannen Sie Füße und Beine (sie wie einen nassen Sack plumpsen lassen!) und nehmen nun das ganz andere Gefühl in Füßen und Beinen wahr, das Entspannungsgefühl... (etwa eine halbe Minute Pause).

- Bitte wiederholen Sie die Übung: Heben Sie wieder beide Beine und beide Füße (usw.)...

- Die zweite Übungsfolge beginnt wie die Erste: Heben Sie wieder beide Beine, bis die Knie durchgedrückt sind; diesmal drücken Sie jedoch die Fußspitzen vom Gesicht weg, Richtung Boden...Spüren Sie die andersartige Spannung in Füßen und Beinen... und entspannen Sie sich... Lassen Sie wieder ganz locker, und genießen Sie das Gefühl der Entspannung...

- Bitte wiederholen Sie die Übung: Heben sie wieder beide Beine ... (usw.)

- Nun konzentrieren Sie sich auf Ihre Gesäßmuskeln. Spannen Sie sie fest an und halten Sie die Spannung... Und entspannen Sie, lassen Sie die Muskeln ganz locker.. (etwa eine halbe Minute Pause)... Bitte wiederholen Sie die Übung... (jede Übung wird einmal wiederholt; dies wird im Text jetzt nicht mehr erwähnt.)

• Die Bauchmuskeln spannen Sie dadurch an, dass Sie zunächst die Bauchdecke vorwölben, sodass sie ganz hart wird.... dann die Bauchdecke nach innen einziehen und auf diese Weise anspannen, die Spannung halten.... und noch einmal die Bauchdecke vorwölben... Und jetzt: entspannen, ganz entspannen... und das Entspannungsgefühl deutlich wahrnehmen... Vielleicht haben Sie jetzt ein ähnliches Gefühl wie nach einer schönen, sanften Massage.

• Nun konzentrieren Sie sich auf Ihre Rückenmuskulatur (Vorsicht bei Bandscheibenschäden und anderen orthopädischen Problemen; fragen Sie Ihren Arzt!). Machen Sie langsam ein Hohlkreuz, spüren Sie die Spannung im Gesamten Rücken... und entspannen Sie... Wenn Sie wollen, können Sie das Entspannungsgefühl nicht nur wahrnehmen, sondern auch ein wenig genießen.

Das Leben kann nur in der Schau nach rückwärts verstanden werden, es kann aber nur in der Schau nach vorwärts gelebt werden.
Lebensweisheit

• Jetzt geht es um die Anspannung der Brustkorbmuskulatur. Ausnahmsweise dürfen Sie jetzt einmal nach Herzenslust falsch (nämlich nur in den Brustkorb) einatmen (durch die Nase). Halten Sie jetzt den Atem an und spüren Sie die Spannung. Und nun ent-spannen Sie sich wieder: Sie lassen den Atem ausfließen, der Atem fließt nun wieder ruhig und gleichmäßig, ohne dass Sie darauf achten.

• Sie konzentrieren sich jetzt auf Ihre Schultern. Spannen Sie sie dadurch an, dass Sie sie ganz hochziehen, bis der Kopf fast zwischen den Schultern liegt. Jetzt biegen Sie die Schultern nach vorn... und dann nach hinten; machen Sie sich das Spannungsgefühl ganz bewusst... und ent-spannen Sie wieder.

Sie haben die Muskeln ganz losgelassen und können wieder das wohl tuende Gefühl von Entspannung genießen.

• Wir beenden jetzt allmählich die Übung. Lassen Sie Ihre Augen noch geschlossen, bis ich von 1 bis 5 gezählt habe. Bei jeder Zahl atmen Sie tief ein und wieder aus, bei 5 öffnen Sie die Augen, recken und dehnen sich – und dann sind Sie wieder frisch, munter und hellwach, voll in Ihr Tagesbewusstsein zurückgekehrt...

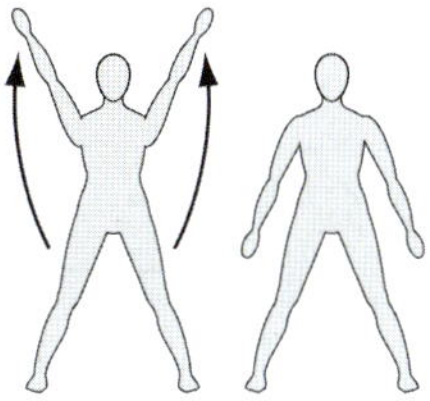

1 Tief einatmen, dabei Schultern und Arme seitlich hochheben; ausatmen, dabei Schultern und Arme fallen lassen (20-mal). Diese Übung können Sie bei Bedarf nach jeder der folgenden Übungen drei- bis fünfmal einfügen!

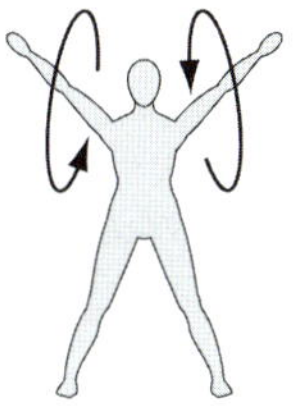

2 Lassen Sie die Arme nach vorn kreisen (20-mal), anschließend nach hinten (20-mal). Auf festen Stand achten!

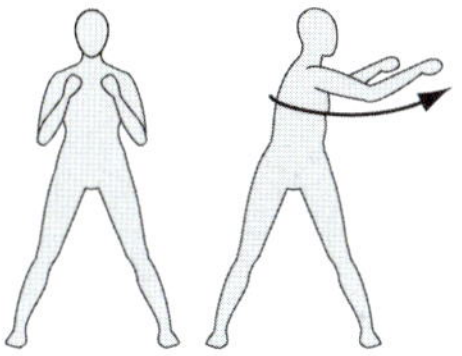

3 Nehmen Sie die Boxer-Stellung ein (Fäuste in Brusthöhe vor dem Körper), wobei die Knie durchgedrückt bleiben. Drehen Sie den Oberkörper aus der Hüfte und boxen Sie abwechselnd links und rechts in Schulterhöhe nach hinten (20-mal). Schwungvoll bleiben!

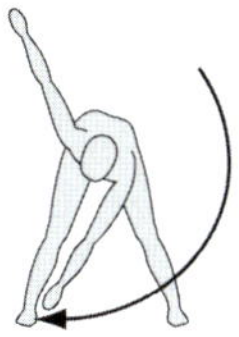

4 Bei breitbeiniger Grundhaltung und durchgedrückten Knien beugen Sie sich nach vorn und berühren abwechselnd mit der rechten Hand die linke, mit der linken Hand die rechte Fußspitze (20-mal). Gebeugte Stellung beibehalten!

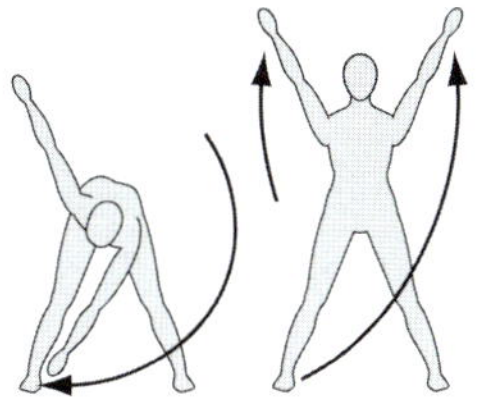

5 Wie Übung 4, aber nach jeder Berührung der Fußspitze den Oberkörper aufrichten, die Arme nach oben strecken und den Oberkörper kräftig recken (20-mal).

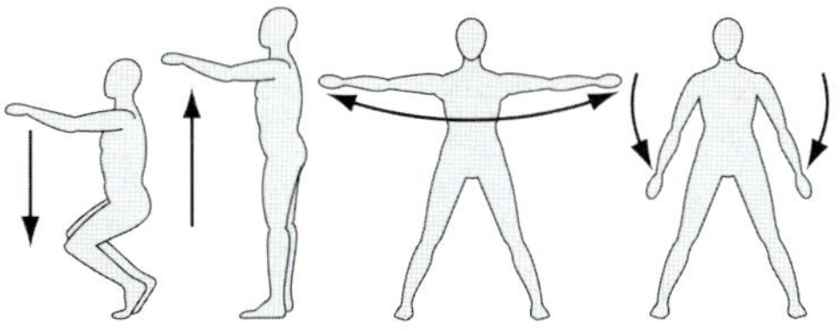

6 Die Arme gerade nach vorn strecken und dabei zählen: (1) in die Hocke, (2) aufrichten, (3) Arme waagerecht zur Seite strecken, (4) Arme wieder an den Körper legen (20-mal).

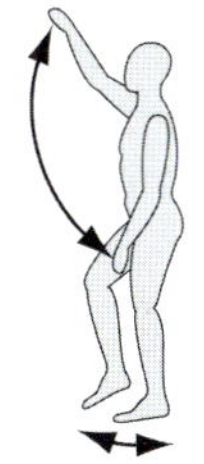

7 Laufen Sie in gestreckter Haltung auf der Stelle, indem Sie Beine und Füße leicht vor- und zurückbewegen. Die Arme bewegen sich dabei abwechselnd nach vorn (oben) und wieder nach unten, wobei Sie mit der Handfläche die Oberschenkel berühren. Benutzen Sie zu dieser Übung schnelle Rhythmen!

Erläuterung zu 7:
Beginnen Sie zweimal täglich, morgens und abends, mit 80 Schritten. Steigern Sie die Schrittzahl jeden Tag um 10, bis Sie morgens 500 und abends 250 Laufschritte erreicht haben. Wenn es Ihnen notwendig erscheint, können Sie morgens nach 250 Laufschritten eine Minute Pause einlegen, dabei nach eigenem Wohlbefinden ein- und ausatmen und dann weiterlaufen.

8 Nach diesem Training erfolgt eine aktive Erholung. Gehen Sie, die Arme leicht hin- und herschlenkernd, zwei bis drei Minuten herum. Atmen Sie die Luft durch den Mund hörbar aus. Dabei sollten Sie wieder ruhige Musik spielen lassen.

Hilfreiche Adressen

Angstambulanzen

- Dr. med. H. Ebel
  Psychiatrische Klinik der
  Medizinischen Fakultät
  Pauwelstraße 30
  52074 Aachen
  Telefon 0241/80 896 33

- Universitätsklinikum Charité
  Medizinische Fakultät der
  Humboldt-Universität zu Berlin
  Universitätsklinik und Poliklinik
  für Psychiatrie; Amt. Direktor:
  Prof. Dr. med. Ralf Uebelhack
  Schumannstraße 20/21
  10098 Berlin
  Telefon 030/28 02 20 55
  Telefax 030/28 02 32 03

- Dr. med. R. Horn, Dr. med. A. Miretzky
  Psychiatrische Universitätsklinik
  Venusberg
  53127 Bonn
  Telefon 0228/2 80 27 12

- Prof. Dr. J. Margraf
  Klinische Psychologie und Psychotherapie TU Dresden
  Mommsenstraße 13
  01069 Dresden
  Telefon 0351/4 63 49 94

- Dr. med. C. Wurthmann
  Rheinische Landesklinik,
  Fachklinik für Psychiatrie
  Bergische Landstraße 2
  40629 Düsseldorf
  Telefon 0211/28 01 577

- Dr. med. U. Frommberger,
  Dr. rned. J. Angenendt
  Psychiatrische Universitätsklinik
  Hauptstraße 5
  79104 Freiburg
  Telefon 076112 70 66 00

- Dr. med. B. Bandelow
  Psychiatrische Universitätsklinik
  Von-Siebold-Straße 5
  37075 Göttingen
  Telefon 0551/39 84 51

- Dr. med. Gabriele Scheibe
  Bezirkskrankenhaus Haar
  Vockestraße 72
  85340 Haar
  Telefon 089/46181 Zentrale

- Prof. Dr. I. Hand
  Psychiatrische Klinik des Universitätskrankenhauses Eppendorf
  Martinistraße 52
  20251 Hamburg
  Telefon 040/47 1722 33

- Prof. Dr. med. A. Kuhr
  Medizinische Hochschule Hannover
  Konstany-Gutschow-Straße
  30623 Hannover
  Telefon 0511/5 32 24 96

- Dr. med. H. Neubauer
  Klinik für Psychiatrie,
  Universität Lübeck
  Ratzeburger Allee 160
  23562 Lübeck
  Telefon 0451/5 00 24 45

- Frau Dr. med. J. Schlegel
  Psychiatrische Universitätsklinik
  Untere Zahlbacher Straße 8
  55131 Mainz
  Telefon 06131/17 21 40

- Prof. Dr. med. J. B. Aldenhoff
  Zentralinstitut
  J5, 68159 Mannheim
  Telefon 0621/17 03 205

- Dr. med. Reinhard Börner Psychiatrische Klinik der Universität
  Nußbaumstraße 7
  80336 München
  Telefon 089/51 601

- Prof. Dr. H. J. Gaertner
  Psychiatrische Klinik der Universität
  Osianderstraße 22
  72076 Tübingen
  Telefon 07071/29 23 00

- Dr. med. M. Osterheider
  Psychiatrische Universitätsklinik
  Füchsleinstraße 15
  97080 Würzburg
  Telefon 0931/20 32 92

- Prof. Dr. H. Katschnig/ Frau Dr. Amering
  Wien
  Telefon 0043/1 40400 3565

Ambulante Psychiatriestellen der Schweiz

- Psychiatrische Universitätspoliklinik
  Dr. H. R. Wacker
  4051 Basel
  Telefon 061/26 52 525

- Psychiatrische Poliklinik
  Prof. J. Willi
  Universitätsklinik
  8091 Zürich
  Telefon 01/25 55 280

- Mobbing:
  Fax-Abruf 0180/51 51 512
  (0,112 Euro/Min)

- Kinder- und Jugendtelefon des Deutschen Kinderschutzbundes
  Notruf für Kinder und Jugendliche
  Tel.: 0800/1 11 03 33

- Telefonnotruf für Suchtgefährdete e.V.
  Tal 10; 80331 München
  Tel.. 089 / 22 50 52

Literatur

Battegay, R.: Süchtigkeit, Sucht und Sehnsucht. Zeitschrift für Positive Psychotherapie, Wiesbaden, 6 -37, 1992.

Benedetti, G.: Die umweltbedingten Depressionen. Zeitschrift für Positive Psychotherapie, Wiesbaden, 6, 8 -35, 1984.

Goddenthow, D. W. (Hrsg.): Solange ich hoffe, lebe ich, Kösel, München 1997.

Gerhardt, G., Kaufmann, B.: Psychosomatische Grundversorgung – Chance des niedergelassenen Arztes in: Zeitschrift Forum Medizin-Psychosomatik 1991.

Jork, K., Peseschkian, N. (Hrsg.): Salutogenese und Positive Psychotherapie – Gesund werden und Gesundbleiben, Bern 2003.

Kornbichler, Th., Peseschkian, M., Peseschkian, N.: Morgenland und Abendland – Positive Psychotherapie im Dialog der Kulturen, Fischer, Frankfurt/Mai 2003.

Lieb, H., v. Pein, A.: Der Kranke Gesunde, Trias, Stuttgart, 2001.

Peseschkian, H.: Die russische Seele im Spiegel der Psychotherapie – Ein Beitrag zur Entwicklung einer transkulturellen Psychotherapie, Berlin 2002.

Peseschkian, N.: Der nackte Kaiser oder: Wie man die Seele der Kinder und Jugendlichen versteht und heilt, Fischer Taschenbuch, Frankfurt a. Main 2002.

Peseschkian, N.: Klug ist Jeder, der Eine vorher, der Andere nachher, Herder Verlag, Freiburg 2003.

Peseschkian, N. und Boessmann, U.: Angst und Depression im Alltag, Fischer Taschenbuch, Bd. 13302 (5. Auflage).

Peseschkian, N.: Psychotherapie des Alltagslebens, 11. Auflage, Fischer 2002.

Peseschkian, N.: Der Kaufmann und der Papagei, 26. Auflage, Fischer, Frankfurt/Main 2002.

Peseschkian, N.: Das Geheimnis des Samenkorns – Positive Stressbewältigung, Frankfurt/Main, 2. Auflage 2002.

Peseschkian,N. und Peseschkian, Nawid: Erschöpfung und Überlastung positiv bewältigen. Trias, Stuttgart 2003.

Rabbani, R.: Dein Leben – Deine Wahl, Bahái-Verlag, Hofheim-Langenhain, 1975.

Reichmayr, J.: Einführung in die Ethno-Psychoanalyse-Geschichte, Theorien und Methoden, Fischer, Frankfurt/Main 1995.

Sachverzeichnis